Dossiers et Documents

Collection dirigée par
Anne-Marie Villeneuve

Georges R. Villeneuve

+ Maximisez vos ventes

par le pouvoir du service à la clientèle

Catalogage avant publication de Bibliothèque et Archives nationales du Québec et Bibliothèque et Archives Canada

Villeneuve, Georges R.
Maximisez vos ventes par le pouvoir du service à la clientèle
(Dossiers et documents)
ISBN 978-2-7644-0718-9
1. Service à la clientèle. 2. Relations avec la clientèle. 3. Efficacité
organisationnelle. I. Titre. II. Collection: Dossiers et documents
(Éditions Québec Amérique).
HF5415.5.V54 2009   658.8'12   C2009-941966-1

 Conseil des Arts   Canada Council
du Canada   for the Arts

Nous reconnaissons l'aide financière du gouvernement du Canada par
l'entremise du Programme d'aide au développement de l'industrie de
l'édition (PADIÉ) pour nos activités d'édition.

Gouvernement du Québec – Programme de crédit d'impôt pour
l'édition de livres – Gestion SODEC.

Les Éditions Québec Amérique bénéficient du programme de subvention
globale du Conseil des Arts du Canada. Elles tiennent également à
remercier la SODEC pour son appui financier.

Québec Amérique
329, rue de la Commune Ouest, 3e étage
Montréal (Québec) Canada H2Y 2E1
Tél. : 514 499-3000, télécopieur : 514 499-3010

Dépôt légal : 3e trimestre 2009
Bibliothèque nationale du Québec
Bibliothèque nationale du Canada

Mise en pages : André Vallée – Atelier typo Jane
Révision linguistique : Stéphane Batigne et Chantale Landry
Conception graphique : Renaud Leclerc Latulippe
Illustration : Marie Mainguy

©2009 **Éditions Québec Amérique inc.**
www.quebec-amerique.com

Imprimé au Canada

Georges R. Villeneuve

Maximisez
vos ventes

par le pouvoir du service à la clientèle

QUÉBEC AMÉRIQUE

Table des matières

Avant-propos

Pourquoi ai-je écrit ce livre ?

J'ai plus de cinquante ans d'expérience dans la vente, le marketing et la gestion des affaires. Cette expérience m'a appris que la vente, c'est de la psychologie.

Le *Larousse de Poche* décrit brièvement la psychologie comme étant la connaissance intuitive des sentiments d'autrui ; la gestion relève donc aussi de la psychologie puisqu'une partie très importante en est la gestion du personnel. Dans ma longue carrière, j'ai rencontré très peu d'administrateurs psychologues, comprenant les gens qui les entourent, c'est-à-dire les employés, les collaborateurs, les collègues de travail ainsi que les clients. Je suis néanmoins convaincu que, pour réussir en affaires, vous devez apprendre à bien traiter vos employés et vos clients. C'est très facile à dire, mais moins facile à appliquer continuellement. La preuve : combien de fois avez-vous pu dire : « J'ai été tellement bien servi », « C'est excellent », « Wow ! Je vais revenir ici dans le futur » ? C'est rare, c'est même très rare.

Le but de ce livre est de vous amener à penser «service» : service aux clients, service aux employés. Pour y arriver, il faut développer une attitude positive, une façon de penser, une philosophie. Regardez autour de vous, dans votre environnement : les clients sont-ils bien servis? Aimeriez-vous être servi de cette façon? Comme employé, comment vous sentez-vous?

J'ai eu la chance de très bien réussir ma carrière profes-sionnelle. J'ai commencé au bas de l'échelle pour gravir les différents échelons et devenir président d'une impor-tante entreprise aux États-Unis. Je suis ensuite devenu propriétaire du plus gros distributeur de produits de sécu-rité électronique au Canada avec sept succursales aux États-Unis.

La première clé de mon succès? J'ai eu l'avantage de tra-vailler comme vendeur pour l'entreprise IBM. Monsieur Thomas J. Watson, le fondateur, comprenait très bien le service à la clientèle ainsi que le service à ses employés. Quatre ans passés à découvrir comment on travaillait dans cette entreprise ainsi que la formation reçue durant cette période m'ont permis d'entreprendre ma carrière avec des principes que j'ai toujours conservés et que je vais résumer dans ce livre.

Au cours de mes études, j'ai eu beaucoup de difficulté à m'orienter. Après ma septième année, j'ai commencé mon cours classique au collège Bourget à Rigaud, comme pen-sionnaire. Je n'ai pas apprécié cette expérience et j'ai plutôt poursuivi mon cours classique au collège Stanislas, à Outremont. Je suis retourné ensuite à l'école publique, avant d'interrompre mes études pour une période d'un an. Cette pause m'a permis de comprendre que je n'irais pas loin dans le monde du travail sans études supplémentaires. Je me suis donc inscrit à l'École technique de Montréal, où j'ai étudié pendant quatre ans. En 1954, j'ai reçu mon diplôme de technicien en électricité. Pourquoi cette orientation ? Probablement parce que mon père était ingénieur, que mon frère aîné André avait étudié à l'École technique de Montréal et que moi, j'étais indécis quant à mon orientation future.

Durant ces quatre années à l'École technique, je me suis beaucoup intéressé à l'association des étudiants et aux organisations sociales. À tel point que, au cours de la dernière année de mes études, je suis devenu président de l'association des étudiants. En raison de cette fonction, j'étais dispensé de certains cours, ce qui me plaisait énormément, car je n'aimais pas assister à des cours que je trouvais très ennuyants. Je dois toutefois préciser que, malgré ce manque d'intérêt pour certaines matières, j'ai quand même très bien réussi sur le plan scolaire. Comme président de l'association des étudiants, je devais défendre nos intérêts. C'est donc à cette époque que j'ai appris qu'il fallait se battre pour réussir, ce qui m'a très bien servi dans ma carrière. En vérité, j'ai si bien appris à défendre les intérêts de mes pairs que la direction de l'école me craignait. Tellement qu'on ne me permit pas de prendre la parole, comme la coutume le voulait, lors de la cérémonie de remise des diplômes. Le modérateur de l'association des étudiants qui m'en avisa, Monsieur Gibeau, un membre de la direction de l'École technique, mentionna au passage que j'aurais dû devenir avocat, plutôt que technicien, et que j'en aurais fait un «maudit».

J'ai trouvé mon premier emploi dans le domaine technique, inévitablement. Après dix-huit mois à ce poste cependant, j'ai réalisé qu'un travail technique ne me convenait pas et ce, pour plusieurs raisons. Je ne me voyais pas assis à une table à dessin huit heures par jour durant toute ma vie. De plus, étant seulement technicien, mes chances d'avancement dans ce domaine étaient très limitées. Il aurait au moins fallu que je sois ingénieur. Aussi, je sentais qu'il me fallait un travail adapté à ma personnalité, c'est-à-dire avec une certaine liberté d'action, des négociations, des rencontres avec les gens. Je croyais que le domaine de la vente pourrait combler mes désirs. En 1956, j'ai postulé à un emploi pour l'entreprise d'informatique IBM au Service des ventes et ce fut le début d'une carrière enrichissante et très intéressante.

La formation que j'ai reçue dans cette entreprise m'a été très utile, dans mon travail et par la suite. Sans le savoir, j'avais choisi la meilleure entreprise pour un jeune qui désirait faire une carrière dans la vente. J'ai appris la discipline. Par exemple, tous les lundis matins, nous avions une réunion à huit heures – pas à huit heures cinq, à huit heures exactement. Après l'heure dite, la porte de la salle était verrouillée, on ne pouvait plus assister à la réunion.

Aucun retard n'était toléré. Le code vestimentaire était strict : habit foncé, chemise blanche exclusivement, chapeau douze mois par année, petit mouchoir blanc dans la poche du veston et cheveux courts. Le pupitre du représentant incluait le nécessaire pour cirer ses souliers.

Même si, dans certains milieux, le code vestimentaire est aujourd'hui moins rigide qu'autrefois, il y a assurément une tendance au retour à la tenue classique dans les affaires. Dans la revue *Sales and Marketing Management* du mois d'octobre 2003, plusieurs articles étaient consacrés à l'importance de la tenue vestimentaire. Personnellement, j'y crois. En tant que consultant, je recommande toujours à mes clients d'exiger de leurs employés qui rencontrent des clients une tenue appropriée. Mais revenons à IBM…

Grâce à cette entreprise, j'ai suivi des cours pendant sept semaines à Toronto. Ce stage m'a bien aidé à améliorer mon anglais. J'ai quitté cet emploi en 1961 pour devenir représentant pour l'entreprise Edwards. En raison de ma formation chez IBM, j'y ai progressé très rapidement. D'abord directeur régional pour le Québec et Ottawa, j'ai par la suite été muté à Owen Sound, en Ontario, où j'occupais le poste de directeur national des ventes pour le Canada. On me confia ensuite le poste de vice-président aux ventes et marketing pour le Canada.

Au cours de cette période, j'ai lu de nombreux livres sur la vente, le marketing et la gestion. Bien qu'autodidacte, j'ai suivi des cours du soir en marketing à l'Université McGill et des cours d'été à temps plein en gestion des affaires à l'Université Western, à London (Ontario). En tant que vice-président aux ventes et marketing pour le Canada, je devais collaborer régulièrement avec l'entreprise Edwards aux États-Unis ainsi qu'avec les propriétaires de l'entreprise General Signal inc. Ces contacts fréquents avec les entrepreneurs américains m'ont rassuré sur ma capacité à travailler aux États-Unis. De plus, je vivais dans une petite ville de dix-huit mille habitants à deux heures au nord de Toronto. Demeurer à cet endroit n'était pas propice à mon développement personnel. Pour ces deux raisons, il devenait de plus en plus évident que, pour progresser, je devais quitter Owen Sound pour aller travailler aux États-Unis.

En 1976, mon objectif s'est réalisé : je fus promu président de l'entreprise Edwards aux États-Unis. Nous avons déménagé, ma famille et moi, à Norwalk (Connecticut), à environ 55 kilomètres au nord de New York. J'avais travaillé fort pour obtenir ce poste. C'était mon objectif de carrière, mon rêve, d'aller travailler avec des Américains. Je les croyais de beaucoup supérieurs à nous, Canadiens. Ma déception fut très grande.

Durant le premier mois après mon arrivée, l'entreprise subit une perte de 250 000 dollars. On m'avait pourtant dit à l'annonce de ma promotion que l'entreprise était profitable malgré les pertes qu'elle subissait depuis plusieurs années. Par conséquent, on avait négligé l'entretien général, avec pour résultat que la bâtisse était en mauvais état et le contrôle de la qualité inadéquat. Certains produits ne répondaient donc pas aux exigences des clients. De plus, j'avais changé de patron. Mon nouveau supérieur, en plus d'être incompétent, avait également une personnalité abrasive. Il n'y avait aucune chimie entre nous deux, ce qui rendait la collaboration impossible et l'atmosphère intolérable. Après mûres réflexions, j'ai décidé que pour mon futur il était préférable de quitter l'entreprise Edwards et de déménager ma famille à Montréal.

À la recherche d'un nouvel emploi, je reçus une offre de l'entreprise Contronic, qui fabriquait des systèmes de sécurité électronique. Le siège social et la manufacture étaient situés à Toronto. L'entreprise éprouvait des difficultés. Le propriétaire, Bruce Summer, m'offrit le poste de vice-président directeur général. Le défi me tentait, mais il m'était malheureusement impossible d'accepter cette offre. J'avais déjà obligé ma famille à me suivre de Montréal à Owen Sound (1972 à 1976), d'Owen Sound à Norwalk (1977 à 1980) et de Norwalk à Montréal. Je ne pouvais décemment pas leur demander de me suivre à Toronto. Après plusieurs mois de négociations entre Bruce Summer et moi, nous avons néanmoins réussi à établir une entente. Il m'accorda les conditions suivantes :

- une présence de quatre jours par semaine au bureau de Toronto ;
- un très bon salaire ;
- un pourcentage sur les profits ;
- une voiture fournie à Montréal ;

- une voiture fournie à Toronto ;

- un logement meublé à Toronto.

Grâce à cette entente, je pouvais prêter main-forte à l'entreprise et ma famille pouvait rester à Montréal.

Au début, le propriétaire me laissa toute la liberté d'agir à ma guise. Son entreprise était en difficulté et il n'avait pu la redresser par lui-même. Mais lorsque l'entreprise recommença à faire des profits intéressants, Bruce Summer se montra jaloux de mes relations avec les employés, les clients et les fournisseurs. Il est vrai que lors d'un party de Noël, les employés avaient agi avec moi comme si j'étais dorénavant le propriétaire. Il devint alors évident que Bruce Summer voulait reprendre le contrôle de son entreprise. Notre relation s'étant détériorée après quatre ans, je quittai l'entreprise. Ma décision était d'autant plus facile à prendre que j'en avais plus qu'assez de voyager continuellement entre Toronto et Montréal.

L'entreprise Contronic vendait ses produits par l'entremise de distributeurs de produits de sécurité électronique. Dans la province de Québec, le distributeur de Contronic était MSP, qui ne possédait qu'un seul bureau à Montréal. MSP avait refusé d'ouvrir un bureau dans la ville de Québec comme Bruce Summer le souhaitait. Bruce avait rencontré mon fils François à quelques reprises et il était convaincu que celui-ci avait la capacité de gérer un centre de distribution. Il nous a donc suggéré d'ouvrir un centre de distribution à Québec et il nous a proposé de nous aider pour

le démarrage en nous donnant du matériel en consigna-
tion, avec des termes de paiement avantageux. Mon fils
François et moi avons donc fondé l'entreprise SDA.

Nous avions dorénavant une base et le temps était venu
pour moi de ne plus travailler pour les autres, mais de
devenir autonome. J'ai pris cette décision en 1983 et je ne
l'ai jamais regrettée. Alors que mon fils s'occupait de la succursale de Québec, j'ai acheté l'entreprise montréalaise
SSI, un autre distributeur de produits de sécurité électronique. Nous avons fusionné SDA et SSI. J'achetai également l'entreprise Cougar à Vancouver, une entreprise
dans le même secteur d'activités. Nous sommes ainsi
devenus le plus gros distributeur de produits de sécurité
électronique au Canada avec dix centres de distribution.
La recette de notre succès : un service de qualité supérieure
pour tous nos clients.

Si mes années d'expérience chez IBM m'avaient appris à
bien servir le client, à respecter les employés et à bien les
traiter, je dois malheureusement dire que mon expérience
dans les autres entreprises avait été plutôt négative. Par
mes observations et la réaction des clients et des employés
aux différentes décisions prises par les directions, j'ai
appris ce qu'il ne faut pas faire, ce qui est également très
important.

Avec SSI, nous voulions réussir. Pour demeurer compétitif
dans la distribution de produits de sécurité électronique,
un important volume de ventes est nécessaire, car il permet

d'acheter à des prix plus bas. Pour atteindre cet objectif, nous avons décidé de pénétrer le marché américain en achetant l'entreprise Suncoast, qui comptait six bureaux en Floride et un en Géorgie. Cette démarche a été profitable.

En 1994, nous avons appris que l'entreprise Tri-Ed, distributeur en Californie de produits de sécurité électronique, était à vendre. Nos négociations n'ont pas abouti et Tri-Ed a été achetée par l'entreprise DSC. Notre fournisseur principal, qui générait quarante-cinq pour cent de nos ventes, était maintenant notre concurrent. Il fallut donc changer notre stratégie et préparer l'entreprise pour la vendre, ce que nous avons fait en 1997. L'aventure SSI avait duré quinze ans. Le contrat de vente m'obligeait cependant à demeurer exclusivement à l'emploi du nouveau propriétaire Burtek, à titre de consultant, pour une période de trois ans. Certains de nos employés importants ont aussi décroché d'intéressants contrats de trois ans. Mon fils, pour sa part, avait un contrat de cinq ans.

Depuis la fin de mon contrat en 2000, je travaille pour d'autres clients, toujours dans le domaine de la sécurité électronique. Certains sont bons, d'autres moins et d'autres sont mauvais. De la même manière que, pendant mes années passées en tant qu'employé, j'ai eu plusieurs types de patrons, des bons, des moins bons et aussi des mauvais. (Alimenté par mes cinquante années d'expérience dans le milieu du travail, je pourrais écrire un livre portant exclusivement sur les patrons!) Avec le recul, je peux dire que des bons patrons, j'ai appris ce qu'il faut faire et des mauvais, ce qu'il ne faut pas faire. Je le répète, il est très important de comprendre ce qu'il ne faut pas faire car, quand un patron fait mal les choses, il démotive les employés, ce qui cause plus de dommages à la productivité de l'entreprise que des employés non motivés au départ.

Ce livre contient beaucoup d'exemples de mauvais service à la clientèle, le but étant de prendre conscience de l'importance du service aux clients que l'on désire conserver. On croit à tort que bien servir le client est dispendieux, alors que c'est plutôt le contraire : mal servir le client coûte très cher en perte de commandes, de clientèle et de réputation. Je relate aussi de mauvaises manières de traiter les employés pour vous convaincre de la nécessité de bien agir avec eux pour qu'ils soient motivés et productifs.

Ce livre vous permettra de profiter d'une expérience de plus de cinquante ans dans le domaine de la vente. J'ai souvent dit que, dans la vente et le marketing, il y a bien peu de place pour la modestie. Alors, j'espère que vous ne m'en voudrez pas si j'applique ce principe à moi-même.

Durant ma carrière, j'ai redressé plusieurs entreprises en difficulté grâce aux deux mêmes théories. La première : la qualité du service à la clientèle est essentielle et les bons vieux adages « Le client est roi » et « Le client a toujours raison » méritent d'être appliqués. La seconde : les employés doivent être traités comme des partenaires, des collaborateurs, avec respect. J'ai mis en pratique avec succès ces deux théories dans plusieurs entreprises, y compris ma propre entreprise, qui est devenue très profitable.

En lisant cet ouvrage, volontairement présenté de façon très simple, avec des chapitres courts et faciles à lire, vous découvrirez comment il est possible de maximiser ses ventes et de mieux réussir comme gestionnaire, chef d'entreprise, propriétaire de PME et employé.

Ce livre s'adresse autant aux personnes qui dirigent des employés qu'à ceux qui travaillent avec d'autres personnes ou qui servent des clients. Les bonnes règles pour le service à la clientèle ne s'appliquent pas seulement aux personnes qui servent directement le client, mais aussi aux employés qui servent ceux qui font affaire directement avec les clients. Comme employé, vous êtes dans une catégorie ou dans l'autre, et vous devez tous avoir le même but, bien servir le client.

Idéalement, ce livre devrait être lu en début de carrière, ce qui permettra à toute personne nouvellement arrivée dans le marché du travail de commencer avec de bonnes habitudes concernant le service à la clientèle et la façon d'agir avec les employés. Comme il n'est jamais trop tard pour bien faire, il est aussi judicieux de l'utiliser en cours de carrière pour acquérir de nouvelles techniques ou même vous défaire de certains mauvais comportements. Trop nombreuses sont les personnes qui, bien qu'elles soient en constante relation avec des clients, ne comprennent pas ce qu'est une relation de qualité dans ce domaine.

Je recommande également la lecture de ce volume en temps de crise, puisque dans ces périodes difficiles, par nécessité, on supprime certaines dépenses, souvent malheureusement aux mauvais endroits, rendant ainsi la performance plus difficile au lieu de l'améliorer. Je suis absolument convaincu de l'importance du service à la clientèle pour la profitabilité de toute entreprise et vous comprendrez pourquoi en lisant les pages qui suivent. Ici, je ne traite pas de théorie du service à la clientèle, mais plutôt de son côté pratique.

En lisant attentivement les chapitres qui suivent et en les mettant en pratique, vous deviendrez vous aussi un spécialiste du service à la clientèle interne et externe puisque je vous y révèle tous mes secrets, toute l'expérience accumulée au long de ma carrière.

Bonne lecture et, surtout, bonnes ventes !

Chapitre 1

Par où commencer?

*Se contenter des études de marché portant sur
la clientèle traditionnelle conduit droit à l'échec…
Cherchez les clients qui ne sont pas satisfaits… et exigez
de votre entreprise qu'elle réponde à leurs désirs.*

Ed McCracken, PDG de *Silicon Graphics*

Le service à la clientèle, mon sujet préféré, est mal compris des dirigeants d'entreprise, bien qu'ils aiment l'inclure dans leur présentation lorsqu'ils s'adressent à leurs clients ou à leurs employés. Malheureusement, leur manque de compréhension de ce qu'est un véritable service à la clientèle de qualité supérieure leur fait dire des choses qu'ils ne respecteront pas quand des problèmes se présenteront au quotidien.

L'implantation d'un service à la clientèle est plus compliquée que ce qu'on pense. Cela exige des efforts de la direction et des employés à tous les niveaux lors de son installation. Cela requiert des efforts continus pour le maintenir. Et on ne peut pas s'attendre à ce que le service à la clientèle d'une entreprise soit adéquat et de qualité supérieure si elle n'offre pas de formation aux employés qui doivent le mettre en place.

Dans le but d'augmenter les ventes et les profits, les entreprises dépensent beaucoup de temps et d'argent pour préparer des plans, pour développer des stratégies. On définit des plans annuels, des budgets et des stratégies sur trois ans ou cinq ans. On engage des consultants pour guider les dirigeants dans le marketing, on commande des études de marché. Tout cela est bien mais, trop souvent, on oublie que pour que les plans soient exécutés, il faut obtenir la participation des employés. Sans eux, sans leur motivation, toute cette énergie déployée, toutes ces dépenses pour améliorer le bon rendement de l'entreprise ne donneront aucun résultat.

Alors que j'étais directeur national des ventes au siège social de l'entreprise Edwards à Owen Sound, j'ai réalisé que ça n'allait pas très bien dans cette entreprise. Les employés étaient mécontents, le moral était très bas, les ventes n'augmentaient plus, les profits étaient minimes. Tout allait tellement mal qu'on ne livrait pas les commandes aux dates demandées par les clients. Je commençais à regretter d'avoir accepté cette promotion.

Pour essayer de trouver une solution, j'ai commencé à étudier l'organisation du plus gros bureau de l'entreprise, celui de Toronto. Après une rencontre avec le directeur régional en Ontario, Ed Leptich, lui et moi avons convenu que je m'installerais dans un hôtel près de son bureau et que j'aurais une discussion avec chacun de ses employés sans sa présence. Il était prévu que je resterais dans cet hôtel aussi longtemps qu'il le faudrait pour que chacun des employés ait la chance de s'expliquer. Mon objectif était de comprendre pourquoi le moral était si mauvais, pourquoi les ventes étaient stagnantes et pourquoi les démissions s'accumulaient. À ma grande surprise, toutes ces entrevues m'ont permis de réaliser que les demandes des employés ne concernaient pas leurs propres besoins, mais plutôt des outils pour mieux faire leur travail. Il y avait du mécontentement parce que la direction avait promis des choses, mais n'avait pas tenu parole : souvent la documentation manquait pour permettre aux vendeurs de présenter les produits aux clients, on n'effectuait pas les révisions de salaires aux dates promises, etc. Il en résultait notamment que les dates de livraison annoncées aux clients n'étaient pas respectées et qu'il y avait des erreurs fréquentes dans les commandes destinées aux clients. En d'autres mots, les employés n'étaient pas bien traités et les clients non plus. Après que la direction eut accepté de mettre en place ce qu'il fallait pour régler les problèmes, les ventes ont commencé à augmenter. L'année suivante, elles ont progressé de trente pour cent. Il n'a même pas été nécessaire de faire des investissements ! Il a suffi de bien traiter les employés, de les considérer comme des clients internes.

Si les clients internes sont vos employés, vos collègues, les clients externes sont bien sûr les personnes auxquelles vous vendez. Les ventes chez Edwards ont pu augmenter rapidement parce que les employés se comportaient avec les clients exactement de la même façon que les patrons se comportaient avec eux. J'ai pu constater cela dans toutes les entreprises avec lesquelles j'ai travaillé : il y a un effet miroir automatique, absolu et permanent entre le service à la clientèle externe et interne. Il est donc crucial de donner l'exemple. Si les employés sont satisfaits, les clients seront aussi satisfaits. Traitez mal vos employés et vos clients seront mal traités.

Si vos employés vous posent des questions et n'obtiennent pas de réponses ou si vos réponses tardent à venir, il y a fort à parier que vos clients seront traités de la même façon.

N'essayez même pas d'implanter un service de qualité supérieure pour votre clientèle externe si vous n'avez pas d'abord mis en place un tel service pour votre clientèle interne. Et comment y parvenir ? Il faut commencer par supprimer les irritants.

Chapitre 2

Les irritants

Nous devons nous débarrasser d'un état d'esprit plus que centenaire et convaincre nos directeurs que leur rôle ne consiste pas à contrôler et à dominer la situation, mais qu'il est au contraire de motiver, de donner une impulsion et de susciter l'enthousiasme.

Jack Welch, PDG de *General Electric*

Le dictionnaire *Oxford* donne la définition suivante du mot «irritant» : «Qui irrite, qui cause de la colère, qui excite des impressions vives agréables ou désagréables.» Toutes ces définitions s'appliquaient à une entreprise où j'étais consultant et le moral n'y était pas très bon. C'est quoi le moral? C'est tout, c'est rien, ça ne se décrit pas facilement, mais ça se ressent, aisément. Le moral n'étant pas bon, il s'ensuit toujours que les ventes ne sont pas bonnes.

Voici un exemple de ce qui pouvait se passer dans cette entreprise. Un jour, la grand-mère d'un employé mourut. La coutume dans l'entreprise voulait qu'une personne du service demande à chaque employé une contribution pour l'achat de fleurs et fasse signer une carte. Une nouvelle employée, pas encore au courant de cette procédure, demanda : «Si je ne contribue pas, est-ce que je peux quand même signer la carte?» La réponse fut *non*. L'employé dont la grand-mère était décédée prit une journée de congé pour aller aux funérailles. Sur sa paie, on enleva une journée de salaire. Est-ce la bonne façon de traiter un client interne ? En agissant de cette manière, la direction est-elle consciente qu'elle n'aide pas à améliorer le moral dans l'entreprise ? En apparence, l'entreprise a économisé le prix d'une carte, des fleurs et l'équivalent d'une journée de paie. En réalité, cette décision a coûté très cher à l'entreprise en perte de temps chez les employés qui, irrités, ont longuement discuté de la situation. De plus, combien de clients externes n'ont pas été bien traités à cause de l'effet d'entraînement sur les clients internes ?

À cette même entreprise, j'ai un jour suggéré de convoquer une réunion dans l'espoir d'améliorer l'atmosphère de travail. Les objectifs étaient très simples :

- inviter les employés à un souper leur permettant de communiquer entre eux ;
- expliquer aux employés la situation de l'entreprise ainsi que les plans futurs ;
- avoir une période de questions pour les employés.

Pendant la période de questions, un employé mentionna qu'il arrivait souvent qu'il ne puisse pas travailler parce que son ordinateur ne fonctionnait pas. Plusieurs employés en profitèrent pour faire remarquer qu'ils avaient le même problème. On interrogea alors le président, qui ne répondit pas et demanda plutôt au directeur général de le faire. Le directeur parla, mais n'expliqua rien. Toute la réunion s'est déroulée de cette façon. Le but de la rencontre était de rehausser le moral en améliorant la communication.

Quel en fut le véritable résultat? Le moral empira, les employés ayant vécu une frustration supplémentaire.

Comment faut-il procéder pour supprimer les irritants qui nuisent au bon fonctionnement d'une entreprise et à son progrès? La première chose consiste à déterminer quels sont les irritants qui créent des problèmes et je crois qu'il est assez facile de le faire. Si vous avez un service des relations humaines, demandez-leur de questionner les employés. Sinon, assignez une personne qui entretient de bonnes relations avec les employés afin d'obtenir ces informations. Les employés sont bien au courant des irritants qui existent dans une entreprise et ils se feront un plaisir de les fournir à la personne qui saura les leur demander. Il est fort probable que durant la cueillette de ces informations, des employés soumettent des suggestions pour remédier à certaines lacunes. Avec ce bagage de connaissances supplémentaires, les irritants étant maintenant identifiés, il vous faut dès lors procéder à des changements.

Chapitre 3

Le changement

Rien n'est permanent, sauf le changement.

Héraclite

Si l'on préparait une liste d'actions faciles à nommer, mais difficiles à exécuter, le mot « changement » serait sûrement le premier sur la liste. Il s'agit pourtant d'un mot simple de trois syllabes, dix lettres, qui signifie « modifier, varier, rendre différent, transformer ». Il fait naître en nous une large gamme d'émotions. Que vous arrive-t-il lorsque vous entendez le mot « changement » ? Quels sont les premiers mots ou les premières images qui vous viennent à l'esprit ?

Quels que soient leur âge et le milieu dans lequel ils évoluent, la plupart des gens croient que le changement est difficile, qu'il devrait être reporté ou évité si possible. À première vue, le changement peut pourtant sembler une proposition raisonnable. Y a-t-il quelque chose de mieux que de délaisser des habitudes malsaines, de dévier des mêmes routines ennuyeuses, d'accepter de nouveaux défis pour améliorer sa qualité de vie ? Les résultats d'un changement constituent habituellement une amélioration.

Alors, pourquoi redouter le changement? Pourquoi a-t-il si mauvaise réputation? Un changement peut être quelque chose de positif. Fumer est une mauvaise habitude, donc cesser de fumer est un changement positif. L'acceptation de nouveaux défis ou l'amélioration de la qualité de vie sont également des changements très positifs. Nous sommes des créatures d'habitudes parce que nous nous sentons à l'aise dans les situations que nous connaissons. Voilà pourquoi il est si difficile de changer. Nous croyons depuis des années que le changement est affreusement douloureux et extrêmement difficile. Nous avons donc développé des méthodes ingénieuses pour résister, pour éviter et pour bloquer le changement.

Les seules personnes qui ne sont pas des créatures d'habitudes sont les très jeunes bébés. Ils ne sont pas liés par les expériences du passé et s'en vont vers le futur sans handicap.

Que vous soyez patron d'une PME ou d'une grosse entreprise, que vous soyez employé à différents échelons dans la hiérarchie ou que vous soyez étudiant, la nature humaine est la même pour tous. Tout le monde résiste à des changements importants. Trouver des raisons de changer n'est pas aussi automatique en nous que de trouver des raisons de ne pas changer. Malgré cela, les changements dans le monde des affaires comme dans le reste de la vie sont inévitables. Pour survivre et éventuellement croître, on doit constamment s'adapter au changement du marché ainsi qu'aux nouvelles situations.

Pourquoi craignons-nous tant le changement? Parce qu'il crée une peur, une crainte et la crainte engendre un malaise. Si vous effectuez un changement au sein de votre entreprise, vous devrez agir dans des circonstances qui seront probablement meilleures que les anciennes, mais qui ne seront pas familières. Le changement n'est pas nécessairement douloureux et il n'est pas obligatoire qu'il soit difficile. Par contre, il nécessite un engagement et une connaissance de là où vous venez et de là où vous voulez aller. Il exige donc du temps et de l'énergie.

Au travail, non seulement vous désirez augmenter les ventes, mais vous le devez, c'est la seule façon de progresser. L'inflation existe, donc les dépenses augmentent annuellement. Comment compenser ce phénomène? En réduisant les coûts, bien sûr, mais à la longue, cependant, ce ne sera pas suffisant, vous devez augmenter les ventes. Une façon efficace, rapide et peu coûteuse de le faire est d'améliorer le service à la clientèle.

Vous devez changer vos habitudes, vos politiques, votre façon de penser à propos des clients internes et externes. Plusieurs dirigeants doivent descendre de leur tour d'ivoire et constater ce qui se passe à la base. Connaissez-vous la théorie « MBWA », c'est-à-dire « *Management By Wandering Around* »? Parlez aux employés à tous les niveaux et visitez des clients. Vous comprendrez alors ce qui se passe vraiment et vous pourrez ensuite apporter les changements qui sont nécessaires à la réussite de votre entreprise.

Chapitre 4

Le service aux clients internes

Être placé au-dessus des autres n'est qu'une obligation
plus étroite de travailler pour eux et les servir.

Louis Bourdaloue

Il y a une phrase que vous devez retenir à tout prix : **vos collaborateurs se comportent avec les clients exactement de la même façon que vous agissez avec eux.** Alors, comment devez-vous traiter vos employés ? Que devez-vous faire pour que vos employés et vos collègues aient le désir de se rendre au travail le lundi matin ?

Vous devez être gestionnaire. Le travail d'un gestionnaire, c'est de faire de la gestion ; le travail d'un gérant, c'est de gérer. Facile à dire, mais pas nécessairement facile à faire…

Lorsque je suis devenu gérant pour la première fois, j'étais très heureux. Je ne me suis pas posé trop de questions. Mon patron ne m'a donné aucun conseil, aucune instruction. J'ai donc continué à faire ce que je faisais, avec la seule différence que j'en faisais plus. Avant d'être nommé gérant, j'étais vendeur. Une fois gérant, j'ai dû m'occuper de plus de clients puisque j'avais conservé tous mes clients, en plus d'en ajouter d'autres. Comme vendeur, j'étais très occupé; comme gérant, j'étais un gérant et un vendeur très occupé. Les rapports du mois, les budgets, les évaluations, les prévisions, je finissais par les faire à la maison, le soir, pour plusieurs raisons. Le jour, je n'avais pas le temps car j'étais vendeur à temps plein. Je me sentais donc coupable d'accomplir ces tâches le jour parce que je ne les considérais pas comme productives. Il faut dire que je me sentais beaucoup plus à l'aise dans la vente que dans mon nouveau travail de gérant. Et que mes vendeurs produisaient moins qu'ils l'auraient dû, parce que je n'avais pas de temps à leur consacrer.

Lors de ma première évaluation après ma promotion, mon patron m'a dit à peu près ceci : « Les ventes, ça va bien; l'administration, ça ne va pas. » Je n'ai pas compris ce qu'il voulait dire, parce que je ne savais pas ce que je devais faire comme gérant.

Après quelques mois de réflexion, j'ai commencé à comprendre qu'il y avait quelque chose qui ne tournait pas rond. Je suis allé à la librairie et j'ai acheté des livres sur la gestion. J'ai alors réalisé que je ne faisais pas mon travail de gérant. Je travaillais fort, je consacrais de nombreuses heures à mon travail, mais je ne faisais pas les bonnes choses. Je n'avais pas fait la transition de vendeur à gérant.

Depuis la vente de mon entreprise de distribution de produits de sécurité électronique, je travaille comme consultant.

J'ai constaté qu'à peu près dans toutes les entreprises, la gestion – et principalement la gestion du personnel – laisse à désirer. On néglige les clients internes et la direction est insatisfaite de la productivité. Qui est à blâmer ? Certainement pas les clients internes.

En tant que vendeur, j'avais des responsabilités et des objectifs de vente à atteindre. Je réglais mes problèmes et j'étais responsable de mes actes. Comme gérant, j'étais désormais responsable des actions des autres. Premier gros changement dans ma vie de gérant, premier gros changement dans ma pensée. Quand on commence à comprendre ce changement, on commence à comprendre la responsabilité d'un gérant.

Le gérant est responsable de tout ce qui se passe dans son service : les bonnes et les mauvaises choses. Et pour que les clients internes, vos employés, produisent à votre satisfaction, qu'ils génèrent plus de bonnes choses que de mauvaises, il faut qu'ils se sentent bien traités.

Voici les éléments de base requis pour obtenir ces résultats. Leur mise en place est ce que j'appelle « La phase I pour augmenter les ventes en améliorant le service à la clientèle ».

Tout le monde dans l'entreprise doit être convaincu que les employés sont des clients internes et qu'ils seront traités comme des clients internes.

1 – L'application de cette philosophie doit commencer dans le bureau du président et se répercuter jusqu'à la base.

2 – Tous les irritants identifiés au chapitre 2 doivent être corrigés ou en voie d'être corrigés.

3 – Il est nécessaire d'établir dans l'entreprise une politique de porte ouverte (voir chapitre 5).

4 – Tout le monde doit comprendre que la communication est un élément très important de la réussite (voir chapitre 6).

5 – Une lettre de bienvenue aux nouveaux employés doit être préparée (voir chapitre 7).

6 – Un soin particulier doit être apporté aux évaluations (voir chapitre 8).

7 – Pour éviter des erreurs coûteuses et embarrassantes, toute décision importante doit être prise après que l'employé en a discuté avec son patron et après avoir obtenu son consentement. Cette procédure s'applique à tous les niveaux. C'est ce qu'on appelle dans le langage des affaires une prise de décision « One on One ».

Après la mise en place du service à la clientèle interne, c'est-à-dire de la phase I de votre plan pour augmenter les ventes, vous pourrez passer à la phase II, soit le service à la clientèle externe. Ne sautez pas d'étapes, sinon vous n'obtiendrez pas les résultats espérés et serez très déçus.

LA PHASE I

Le service à la clientèle interne

Chapitre 5

Une politique de porte ouverte

Que votre porte soit réellement ouverte.
Aucun PDG ne peut dire avoir vu des salariés
abuser d'une politique de la porte ouverte.
Quand un salarié franchit votre seuil,
c'est vraiment par nécessité.

Deutschman, *Les Pépites de la fortune*

Pour certaines personnes, rencontrer son patron pour discuter d'un problème demande un effort et du courage. Lorsque le cas se produit, si vous êtes patron, vous aussi devez faire un effort en étant réceptif, en prenant le temps d'écouter et d'aider. La réponse à une demande de rencontre ne peut pas être : « Je n'ai pas le temps », « Je suis trop occupé », « Tu reviendras demain ». Demain, l'employé ne sera peut-être pas disposé à raconter son problème. N'oubliez jamais qu'en agissant de la bonne façon, en vous rendant disponible, vous lui montrez comment agir avec ses collègues et ses clients. N'est-ce pas ce que vous voulez ? C'est cela une politique de la porte ouverte. Ce n'est pas seulement la porte qui doit être ouverte physiquement. Il faut que le gérant, la gérante, le supérieur ou la supérieure hiérarchique soit ouverte et disponible.

Je ne le dirai jamais assez, il n'y a rien de plus important que vos clients internes. Il est impossible, pour des employés mécontents, insatisfaits ou qui se sentent mal traités, de bien traiter les clients externes. Alors, traitez-les bien et ils vont s'occuper de bien traiter la clientèle externe.

Toutes les entreprises en général disent ce que je viens de mentionner, mais peu d'entre elles pratiquent ce qu'elles prêchent. Assurez-vous que votre entreprise soit un exemple à suivre.

La seule façon d'obtenir des résultats dans une entreprise est par l'intermédiaire du personnel. Soyez conscient de ce phénomène et traitez le personnel en conséquence. Surtout, ne perdez jamais de vue que lorsqu'on parle de clients internes, on parle de personnes, pas de choses. On peut contrôler des inventaires, pas des personnes.

ON MOTIVE LE PERSONNEL

Il y a des façons de parler aux gens, il y a des façons de demander des choses sans donner des ordres. Proposez vos idées avec gentillesse et politesse, ce qui ne vous empêche pas d'être ferme et d'attendre des résultats.

Des enquêtes ont démontré que les gestionnaires qui ne réussissent pas, dans la majorité des cas, le doivent à leur personnalité et non à leurs capacités.

Avez-vous déjà entendu parler de personnalité abrasive? Un abrasif, c'est comme du papier sablé. Si on se frotte les mains sur du papier sablé, ça irrite, ça saigne et ça fait mal. Je vous l'ai déjà mentionné, lorsque j'étais président de l'entreprise Edwards aux États-Unis, mon patron avait une personnalité abrasive. Jamais je ne l'oublierai. Souvent, les gens aux personnalités abrasives sont des personnes très intelligentes, qui pensent très rapidement. Ce sont de bons travailleurs qui n'ont souvent qu'un seul défaut impardonnable : ils ne savent pas parler aux gens. Ils oublient qu'ils font affaire avec des personnes et pas avec des choses. Quand ils parlent aux gens, ils les irritent, ils les démotivent... En d'autres mots, ils les « mettent en maudit ». Ce n'est sûrement pas la façon d'obtenir des résultats. Certaines personnes sont abrasives continuellement ; c'est leur personnalité. Il y en a d'autres qui le deviennent lorsqu'elles sont sous pression, qu'elles ont des problèmes ou un surplus de travail. Faites votre examen de conscience. Si vous croyez avoir les traits d'une personnalité abrasive, empressez-vous de corriger ce problème ou de demander de l'aide pour le corriger. À long terme, personne ne peut travailler avec vous dans de telles conditions, c'est intolérable.

Un autre aspect très important dans la gestion du personnel, c'est d'obtenir le respect des autres. Qu'une personne soit sous votre supervision n'en fait pas un être inférieur. Vous devez traiter chacun comme un égal, avec respect.

Quelle est la plus importante caractéristique recherchée par les employés chez leur patron ? D'après une étude de Dale Carnegie, c'est qu'il inspire confiance. Et pour que vos employés aient confiance en vous, il faut que vous soyez cohérent dans vos pensées, vos paroles et vos actions.

Une personne intègre fait ce qu'elle a dit qu'elle ferait. En d'autres mots, il n'y a pas de fausses promesses. Ne racontez pas d'histoires, tenez-vous-en aux faits.

La nature humaine étant ce qu'elle est, il faut consacrer du temps à la gestion du personnel. Et si vous voulez que votre équipe, votre service et votre entreprise soient efficaces, il faut que vous vous occupiez de votre clientèle interne.

J'ai affirmé plus tôt dans ce livre qu'il n'y a pas place pour l'humilité en marketing et en vente. Cette absence d'humilité est-elle contraire à l'attitude que j'ai privilégiée tout au long de ce chapitre? Non, car elle veut simplement dire qu'on ne doit pas se retenir de vanter ses produits ou ses services, de les mettre en évidence, d'en décrire toutes les caractéristiques d'une façon positive. Ces mêmes remarques s'appliquent aussi lorsqu'on parle de l'entreprise qui fabrique ces produits ou offre ces services. Quant aux représentants de tous les niveaux (vendeurs, gérants des ventes, vice-président vente et marketing), leur fonction est de vendre l'entreprise, les produits ou les services, ce qui est très difficile à faire lorsqu'on est trop humble. Un représentant d'expérience peut ne pas être modeste et ne pas être arrogant pour autant. La clé ce n'est pas ce qu'on dit, c'est la façon dont on le dit; ce n'est pas ce qu'on fait, c'est la façon dont on le fait.

Chapitre 6

La communication

*Expliquez les choses en personne. La communication
est importante pour la satisfaction professionnelle des salariés.*

Deutschman, *Les Pépites de la fortune*

Un jour, j'ai acheté un lave-vaisselle chez un détaillant à Saint-Jovite. Un mois après l'achat, le lave-vaisselle a cessé de fonctionner. Le samedi suivant, j'ai donc dû aller chez le détaillant avec la pièce défectueuse. À l'entrée, une réceptionniste m'a accueilli. Je lui ai expliqué mon problème. Elle m'a alors appris que la personne responsable des garanties ne travaillait pas les fins de semaine. Elle m'a demandé de laisser la pièce défectueuse ainsi que mes coordonnées. Elle m'a ensuite avisé que la personne responsable communiquerait avec moi le lundi suivant.

Lundi, pas d'appel. Mardi, non plus. Mercredi, rien. Jeudi, rien. Vendredi, j'ai appelé le responsable des garanties qui m'a expliqué que la garantie de l'entreprise Frigidaire était donnée par un atelier de la région. Il m'a transmis le numéro de téléphone en me suggérant de communiquer avec eux. J'ai dû aller chercher la pièce défectueuse chez le détaillant de Saint-Jovite, communiquer avec les gens de l'atelier, qui sont venus à la maison à Sainte-Agathe-des-Monts pour effectuer la réparation.

Cette situation illustre deux problèmes courants. D'abord, on ne m'a pas appelé alors qu'on s'était engagé à le faire. Beaucoup de personnes ne rendent pas leurs appels ou promettent d'appeler et ne le font pas. Cette façon d'agir n'est pas professionnelle et est inacceptable. Le second problème en est malheureusement un qui se retrouve dans la plupart des entreprises : le manque de communication. Si la réceptionniste avait été au courant des procédures, elle m'aurait donné immédiatement le nom de l'entreprise responsable des garanties. J'aurais été mieux servi et plus rapidement. Vous désirez bien servir vos clients internes en espérant que vos clients externes soient bien servis et que la résultante de ces efforts soit l'augmentation des ventes ? Commencez par résoudre le problème de la communication.

La communication, le service à la clientèle, cela part des têtes dirigeantes et se propage au reste de l'équipe. Il n'existe pas de recette miracle pour résoudre le problème important du manque de communication. Celui-ci varie d'une entreprise à l'autre, selon la taille de l'entreprise, des services offerts et des produits vendus. Toutefois, pour bien communiquer avec les clients internes, il est certain qu'il faut savoir ce qui se passe dans l'organisation. Il faut prendre le pouls de façon continue.

Lorsque j'étais vice-président directeur général de l'entreprise Contronic à Toronto, le président m'a révélé qu'il se promenait régulièrement parmi les employés avec les « antennes levées », pour prendre le pouls. C'était un très bon conseil. On ne peut pas s'adresser au personnel d'une organisation sans comprendre ce qui s'y passe.

Un autre facteur très important pour bien communiquer avec les employés, c'est la préparation. Une réunion mal préparée fait plus de tort que de bien.

Et finalement, il est important de retenir que la fréquence des échanges joue pour beaucoup. Pour que la communication rapporte, elle doit avoir lieu de façon régulière. Bien communiquer, c'est beaucoup plus que de seulement parler aux employés. Il faut de l'écoute, de la préparation ainsi que de la régularité. L'application de ces trois principes aura des effets bénéfiques sur vos employés, sur leur productivité, sur la relation entre employés. Le bénéfice le plus important sera l'amélioration du service à la clientèle; par conséquent, l'augmentation des ventes.

Chapitre 7

La lettre de bienvenue

*Engagez des personnes pleines de jeunesse et de vitalité,
des rouspéteurs qui en ont après tous les statu quo.*

Warren Bennis, professeur de management,
University of Southern California

Pour bien commencer la relation avec un nouvel employé, il est conseillé de lui remettre par écrit, dès la première journée de travail, une lettre contenant les informations suivantes :

- un mot de bienvenue du président ;
- la description des conditions d'emploi, c'est-à-dire le salaire, les vacances, les systèmes de primes de rendement, de commission, d'allocation, d'auto, etc. ;
- la description et l'explication des bénéfices marginaux ;
- la description de ses fonctions : qui est son patron, quels employés sont sous sa responsabilité, son autorité concernant les achats, les dépenses, l'embauche d'employés, le congédiement d'employés, les augmentations de salaire.

Le danger de remettre un tel document à un employé c'est que celui-ci croie que son travail est limité par cette description. Il est donc recommandé d'ajouter, à la fin de chaque description de tâches, la phrase suivante : « Cette

description de tâches n'a pas pour but de limiter les responsabilités, mais plutôt de décrire d'une façon générale
les responsabilités de ce poste.»

De plus, pour aider le nouvel employé à se familiariser avec
son nouvel environnement et avec toutes les nouvelles
personnes qui l'entourent, assignez-lui un parrain ou une
marraine qui aura comme fonction de l'aider à s'adapter
à son nouveau milieu.

Ces deux mesures permettent au nouvel employé de
s'adapter plus rapidement à son nouvel emploi et de
savoir plus précisément ce qu'on attend de lui. Il pourra
aussi apprendre du parrain ou de la marraine tout ce qui
concerne la culture de l'entreprise.

Chapitre 8

Les évaluations

*Choisir, développer, motiver, former, évaluer, récompenser,
stimuler; où l'on se rend compte que les principes
d'entraînement des hommes et d'analyse des compétences
ne datent pas des dernières décennies.*

Jean Renard

L'évaluation des employés n'est pas une tâche facile. Elle demande énormément de temps et, dans de nombreuses entreprises, elle n'est pas valorisée. On adopte donc des raccourcis pour s'en débarrasser. Oui, je dis bien pour s'en débarrasser. La preuve : examinez les formulaires couramment préparés par les services des ressources humaines. L'évaluateur n'a qu'à cocher pour chaque sujet un choix de réponses prédéterminées. Ce n'est vraiment pas sérieux.

Au fait, est-ce nécessaire d'évaluer les employés ? La réponse est oui, c'est absolument essentiel. Et ce qui fait hésiter beaucoup de gérants et de cadres, c'est qu'ils ne sont pas à l'aise avec cette fonction. Ils ne savent pas comment s'y prendre. Ils n'ont reçu aucune formation à ce sujet et beaucoup de services des ressources humaines ne savent pas comment leur en offrir une.

Retournons au principe de base : les employés sont des clients internes. Doit-on s'occuper de nos clients internes ? La réponse est oui. L'évaluation oblige à véritablement consacrer du temps de qualité à chaque employé. Pour réussir, l'évaluateur doit bien se préparer, c'est-à-dire prendre plusieurs heures pour étudier la performance de chaque employé, son comportement avec les autres employés, ses objectifs, son avenir dans l'entreprise, ses points faibles, ses points forts, et ses propres recommandations. Mettez par écrit cette évaluation. Faites une recommandation salariale et faites-la approuver par votre patron avant de la présenter à l'employé.

Pour la rencontre au cours de laquelle vous discuterez d'évaluation, choisissez une période où vous et votre employé êtes calmes et pouvez consacrer quelques heures à discuter. Ici, je soupçonne que plusieurs lecteurs sursauteront… Si l'évaluateur s'est bien préparé et désire que cette conversation serve à l'évolution de l'employé ainsi qu'à l'amélioration de la communication entre l'employé et son patron, il faut y consacrer le temps nécessaire. Rappelez-vous que ce n'est pas un interrogatoire que vous faites subir à l'employé, ce doit être une discussion positive, du commencement à la fin. En voici un exemple. Dans le plan pour l'évaluation à la page 79, il est mentionné des « points spécifiques pour lesquels l'employé a besoin d'attention ou de formation ». Supposons que l'employé que vous évaluez soit souvent en retard et que vous désiriez évoquer ce point avec lui. La méthode conventionnelle, très directe, pour aborder ce sujet serait de dire : « Vous êtes souvent en retard et ce problème doit être corrigé.» Une méthode plus positive serait de vous exprimer ainsi : «Vous vous investissez sans compter au sein de l'entreprise. Souvent, vous partez après les heures requises, donc je ne vous reproche pas les 10 ou 15 minutes de retard du matin, puisque vous en remettez plus à l'entreprise que vous en prenez. Je perçois plutôt ce retard comme un problème de discipline, qu'il serait avantageux pour vous de corriger.» Lors des premières évaluations que j'ai eu à faire, j'étais mal à l'aise, je devais donc aussi rendre la tâche difficile aux employés. Avec l'expérience, voici l'approche que j'ai développée pour que ces rencontres soient agréables et bénéfiques pour les deux parties.

Je débute l'entrevue en parlant de tout et de rien, de la pluie et du beau temps, dans le seul but de m'assurer que l'employé est détendu. Lorsque c'est le cas, le temps est venu de passer à la partie cruciale, l'évaluation. Comme mentionné précédemment, l'évaluation a été préparée avec rigueur. J'en remets une copie à l'employé et nous procédons à sa lecture en ajoutant de part et d'autre des commentaires s'il y a lieu. La dernière partie de l'entrevue devrait permettre à l'employé de s'exprimer en lui posant quelques questions générales. En voici deux exemples : «Y a-t-il des sujets dont vous aimeriez discuter? Avez-vous des suggestions à faire concernant l'entreprise?»

À quelle fréquence doit-on faire des évaluations? Voici ma recommandation : trois mois après l'embauche, puis neuf mois après cette première évaluation et ensuite tous les douze mois, sauf s'il y a promotion ou changement de travail. Une évaluation est alors nécessaire.

Bien entendu, il peut et il doit y avoir des exceptions. Si un problème spécifique important avec un employé surgit, rencontrez-le, parlez-en puis donnez-lui une période fixe pour corriger ce problème. À la fin de cette période, c'est la probation ou le renvoi, décision importante et toujours difficile à prendre pour le gestionnaire.

C'est la responsabilité du Service des ressources humaines d'avertir, un mois à l'avance, qu'une évaluation est due. Si vous n'avez pas de Service des ressources humaines, assignez cette tâche à une personne responsable. L'erreur que vous n'avez pas le droit de faire, c'est de ne pas respecter les délais prévus. Cette négligence indique aux employés qu'il y a pour vous des choses beaucoup plus importantes à faire que de s'occuper d'eux. Si vous vous payez ce luxe, vos clients externes en subiront les conséquences.

Peut-être vous passeriez-vous bien de votre responsabilité d'évaluer vos employés. Ces derniers, en revanche, aiment généralement les évaluations. Ils apprécient avoir la possibilité de discuter avec leur patron de leur performance, de leur carrière et de leur avenir. Pour vous aider, voici un formulaire d'évaluation que j'apprécie pour sa grande flexibilité. Il exige du temps, j'en conviens, mais il donne d'excellents résultats.

Ce formulaire est intéressant car il aborde plusieurs dimensions. Il permet d'analyser les compétences de la personne évaluée, mais aussi de se prononcer sur les qualifications de la personne qui prépare l'évaluation. C'est un bénéfice très important. De plus, il permet aussi à l'employeur de rappeler à l'employé les bénéfices qu'il retire de son travail.

Plan pour l'évaluation

Nom de l'employé :
Poste :
Date :

1) Historique de la carrière dans l'entreprise

   - Progression avec dates et salaire.

   - Formations offertes par l'entreprise à l'employé.

   - Description brève des bénéfices marginaux offerts par l'entreprise.

2) Évaluation de la performance

   Il s'agit ici d'évaluer les résultats de l'employé durant les douze derniers mois en se servant, si possible, de statistiques concernant ses responsabilités. L'évaluation doit être basée sur des faits et non des suppositions.

3) Remarques générales

- Accomplissements, réalisations, observations et commentaires généraux.

- Description des habitudes de travail, de l'attitude, des habiletés, etc.

4) Points forts et points faibles

- Points spécifiques pour lesquels l'employé a besoin d'attention ou de formation.

5) Objectifs précédents

- Les objectifs des douze mois précédents ont-ils été atteints ? Si non, pourquoi ?

6) Nouveaux objectifs

- Objectifs pour les douze prochains mois.

7) Carrière

Si l'évaluateur croit que l'employé a du potentiel pour avancer dans l'entreprise, il serait bon de le lui mentionner, tout en précisant que ce n'est pas une promesse, puisque c'est par son travail qu'il pourra avoir une amélioration dans le futur.

8) Suggestion de formation pour le poste présent
ou futur de l'employé

Recommandation salariale :
Date d'entrée en vigueur :
Évalué par :
Approuvé par :
Approuvé par le Service des ressources humaines :

L'évaluation à fréquence régulière, tel que préconisé, demande beaucoup de temps mais rapporte énormément. Les employés sont motivés par ce procédé et l'entreprise peut ainsi suivre la progression de chacun. De plus, facteur très important, la communication entre l'employeur et les employés s'en trouve grandement améliorée.

LA PHASE II

Le service à la clientèle externe

Chapitre 9

Les appels téléphoniques et les courriels

La communication est source de pouvoir.

Deutschman, *Les Pépites de la fortune*

Le premier contact de vos clients avec votre entreprise a fréquemment lieu par téléphone. C'est donc un service très important, bien que souvent négligé. Autrefois, il était très agréable de téléphoner à la plupart des entreprises puisqu'une réceptionniste répondait avec un sourire dans la voix et aidait avec courtoisie à diriger l'appel au bon endroit. Aujourd'hui, les entreprises dépensent beaucoup d'argent en publicité pour attirer les clients et lorsque ceux-ci réagissent à cette publicité, leur système téléphonique ne permet pas de bien les servir. Voici un exemple qui décrit bien comment les clients sont traités au téléphone.

Un jour, à mon retour au bureau, je constate que j'ai dans ma boîte vocale un message de Bob Niergarth de l'entreprise Edwards. J'essaie de rendre ce message, mais malheureusement Bob a oublié de mentionner son numéro de poste. J'appelle au numéro général qu'il m'a laissé. Ce n'est pas un humain qui me répond, c'est une machine qui me dit : « Faites le 1 pour le service en français. Faites le 2 pour le service en anglais. Faites le 3 pour les comptes payables. Faites le 4 pour les comptes recevables. Faites le 5 pour le service technique. Faites le 6 pour obtenir une date de livraison. Faites le 7 pour obtenir le service à la clientèle. Si vous ne connaissez pas le poste de la personne à qui vous désirez parler, faites le 8 pour consulter le répertoire. » Je fais donc le 8 tel que suggéré. La machine me dit : « Pour obtenir le poste de la personne à qui vous désirez parler, épelez son nom en commençant par le nom de famille. » Belle question ! Comment épeler Niergarth ? Deuxième difficulté : dans le répertoire, son prénom est-il Bob ou Robert ? Rendu à ce stade, j'étais devenu impatient. J'ai coupé la communication en me disant que si c'était important il me rappellerait. Trois jours plus tard, Bob Niergarth m'a téléphoné en me disant : « Tu ne rends pas tes appels ? »

Comme vous avez pu le constater, cette entreprise ne rend pas la tâche facile aux clients. Et on pourrait multiplier ces exemples, car c'est le genre de service donné par la majorité des entreprises.

Examinez vos systèmes téléphoniques. Lorsque vous en installez un, pensez à vos clients. Facilitez-leur la tâche. Attention aux fausses économies qui peuvent coûter très cher en perte de clients.

Dans *La Presse* du mercredi 17 septembre 2008, dans un article sur la vie des gens riches, il est écrit : « Selon Josée

Desrosiers, directrice régionale des relations publiques de Holt Renfrew, la marchandise ne suffit plus, le luxe se vit de plus en plus au plan de service. La marchandise devient de plus en plus accessible, les marques Dior, Prada, Vuitton, ce n'est plus suffisant. Le luxe ne se fait pas tant du côté du produit que du service. » Quel que soit le domaine, lorsqu'un produit exclusif est introduit sur le marché, la concurrence introduit un produit équivalent. Ce phénomène est dû à l'avancement de la technologie et de la rapidité de la communication. Donc, pour réussir dans le marché de la mondialisation, il faut servir ses clients d'une façon impeccable.

Dans la revue *L'actualité* du mois d'octobre 2008, sous le titre : « Puis-je parler à un humain SVP ? », on pouvait lire l'anecdote suivante : « Frustré par le piètre service à la clientèle qu'offrent les grandes sociétés, un entrepreneur de Boston a lancé un site Web pour aider les gens à déjouer les systèmes de réponse automatisés ! *Gethuman.com* a scruté les systèmes téléphoniques de dizaines d'entreprises canadiennes, américaines et britanniques, et propose aux internautes un petit guide pratique pour parler de vive voix à un préposé. Nous nous sommes ainsi prêtés au jeu. Impatients s'abstenir... »

Entreprise	Numéro du service à la clientèle	Comment joindre un humain
Agence du revenu du Canada	1-800-959-7383	Appuyer sur l'étoile (*) à tout moment

Entreprise	Numéro du service à la clientèle	Comment joindre un humain
Air Canada	1-888-247-2262	Option 2, Option 3
Bell	310-BELL (téléphonie résidentielle)	Appuyer sur 0 à chaque choix de réponse, ignorer « Émilie »
Revenu Québec	1-800-267-6299	Option 2
Vidéotron	1-888-433-6876	Option 2, Option 1

Les agences gouvernementales et les entreprises ci-dessus ont compris que certains clients veulent avoir la possibilité d'éventuellement parler à un humain... L'idéal serait toutefois d'avoir un ou une réceptionniste.

Il est important que votre système téléphonique ait été pensé en fonction du client et non pour votre commodité. Il faut aussi que votre réceptionniste soit professionnelle et comprenne bien son rôle. Il ne suffit pas de lui expliquer le fonctionnement mécanique du système téléphonique, il faut aussi lui donner des directives, c'est-à-dire lui expliquer comment répondre au téléphone. En disant « bonjour » suivi du nom de l'entreprise ou en disant le nom de l'entreprise suivi de « bonjour » ? Doit-on répondre seulement en français ou en plusieurs langues ? Comment doit-on mettre une personne en attente ? Quelle formule doit-on employer lorsqu'on passe la communication à quelqu'un ? Comment clore une conversation ? Assignez cette tâche de formation à un employé qui comprend bien le service à la clientèle. Il est recommandé qu'il écrive ses suggestions pour les faire vérifier par quelques personnes et ensuite les expliquer au ou à la réceptionniste.

Ce doit être agréable et plaisant d'appeler votre entreprise, le client doit se sentir le bienvenu. Le résultat de ce travail est un client heureux, qui se fera un plaisir de vous appeler pour passer des commandes. À l'opposé des exemples désolants relatés plus haut, lorsque je travaillais pour Edwards, aux États-Unis, dans les années soixante-dix, je devais appeler très souvent chez General Signal, puisqu'ils étaient les propriétaires. La réceptionniste y était parfaite : une belle voix, polie, aimable et elle terminait toujours la conversation de la même façon par un charmant « *Have a nice day* ». À quand le retour aux réceptionnistes avec un sourire dans la voix ?

Un autre outil de communication très important est l'ordinateur, qui facilite le travail dans bien des cas. C'est rapide, c'est efficace. Par contre, ça ne peut pas remplacer la communication de vive voix. L'ordinateur ne peut pas détecter que le message envoyé blesse la personne qui le reçoit ou qu'elle n'est pas d'accord avec le contenu communiqué. Voici un exemple qui explique bien que, dans certaines circonstances, les courriels sont à éviter. Après la vente de mon entreprise de distribution, il a fallu procéder à la fusion de deux entreprises, ce qui n'est pas une tâche facile car cela crée beaucoup d'insécurité parmi les employés. Claude Simard était en charge du marketing pour mon entreprise. Après la vente, il était encore sous ma responsabilité. Un beau jour, il reçoit un courriel du président de la nouvelle entreprise qui lui annonce qu'à partir du mois suivant, il n'aurait plus d'allocation d'automobile. Imaginez sa réaction. Claude Simard est venu me voir pour me demander ce qui se passait. Je n'étais au courant de rien. La seule réponse que j'ai pu lui donner, c'est : « Je vais voir le président et te revenir à ce sujet. » La suite des choses a été très rapide puisque, quelques jours après cet événement, Claude Simard a donné sa démission. La communication étant, d'une façon générale, difficile et compliquée, lorsque le sujet en cause est délicat comme dans l'exemple précédent, un courriel n'est sûrement pas le meilleur moyen de communication à employer.

Un client se plaint par courriel. Devez-vous répondre par courriel? Je ne crois pas, c'est trop impersonnel dans bien des cas. Faites l'effort d'appeler ce client, de discuter, et peut-être ensemble trouverez-vous une solution à son problème.

Dans beaucoup d'entreprises, on ne se parle plus, on envoie des courriels, même si la personne à qui on s'adresse a son bureau à côté du vôtre. Est-ce la bonne méthode? Ça dépend du sujet. Sachez faire la différence entre ce qui peut être transmis par courriel et ce qui doit être communiqué de vive voix.

Chapitre 10

Comment ne jamais se faire de nouveaux clients

L'emprunteur est le serviteur du prêteur.

Ancien Testament

Lorsque j'ai vendu mon entreprise de distribution de produits de sécurité électronique à l'entreprise Burtek, mon contrat m'obligeait à leur garantir ma disponibilité professionnelle pour une période de trois ans avec un maximum de 139 jours par année, c'est-à-dire 2,6 jours de travail par semaine. Il est devenu évident dès le début qu'on ne tenait pas à ce que je travaille, puisque ma philosophie concernant le service à la clientèle et la leur étaient diamétralement opposées. La vie était belle, je recevais 200 000 $ par année, pas de travail à faire, pas de responsabilités. Étant habitué à travailler entre cinquante et soixante heures par semaine, ça n'a pas été très long avant que je m'ennuie.

Après quelques semaines de réflexion, j'ai décidé de mettre sur pied une entreprise de télémarketing. J'ai contacté une spécialiste dans le domaine et nous nous sommes associés pour former l'entreprise GMI (Groupe Marketing International). Pour minimiser les risques financiers, nous n'avons pas incorporé l'entreprise et nous n'avons pas loué de bureau.

J'ai élaboré une stratégie tandis que mon associée a commencé à rencontrer des clients potentiels. Notre objectif était très précis : dépenser le moins possible et si on n'obtenait pas de contrat en l'espace de quelques mois, tout arrêter. Par contre, si on obtenait des contrats, on démarrait l'entreprise très rapidement. Alors que j'étais prêt à partir en vacances, mon associée m'appela avec une bonne nouvelle : elle avait obtenu trois contrats qui devaient débuter le plus tôt possible.

Les premières choses que nous devions faire, c'était ouvrir un compte de banque, y déposer l'argent, louer un local, acheter des meubles, engager des employés, etc. Nous avons décidé que notre bureau serait situé à Laval. Nous nous sommes donc rendus à une grande banque au Carrefour Laval. Nous y entrions pour faire une transaction que nous croyions très facile puisque nous voulions faire un dépôt. Après leur avoir expliqué notre situation, on refusa de nous ouvrir un compte. À leur avis, il fallait absolument que nous soyons incorporés avant de faire quoi que ce soit. Nous avons quitté la banque un peu déçus. Près de cette banque se trouvait une succursale d'une grande banque asiatique. Nous avons décidé de nous y adresser. Leur attitude était pire. Non seulement ils ne voulaient pas nous ouvrir un compte, mais ils ne voulaient pas non plus nous prêter d'argent. Nous avons expliqué que nous ne voulions pas faire un emprunt, mais simplement un dépôt. Et comme si tout cela ne suffisait pas, la personne qui nous reçut nous indiqua que l'institution n'avait pas confiance dans les centres d'appel ! Et c'est sans compter le ton avec lequel ces éléments nous furent expliqués. Au revoir, banque d'Asie !

Nous nous sommes ensuite rendus à la Banque Nationale. Une dame très gentille nous reçut. Pour éviter un troisième refus, nous avons expliqué notre situation avec plus de détails. La dame nous dit que tout était très simple : il fallait ouvrir un compte conjoint et, lorsque nous serions incorporés, le compte régulier serait transformé en compte commercial. Nous avons fait un dépôt et on nous a remis des chèques. Tout était réglé, nous pouvions désormais fonctionner. Résultat de cette saga bancaire ? Je fais dorénavant personnellement affaire avec la Banque Nationale, ma conjointe aussi. Lorsque j'ai quitté l'entreprise GMI, celle-ci faisait encore affaire avec la Banque Nationale.

Lorsque j'étais mon propre patron, j'ai réalisé que si les grosses entreprises parvenaient à être aussi efficaces que les PME, aucune de ces dernières ne pourrait survivre. Les géants dans tous les domaines ont des ressources humaines et financières à leur disposition très supérieures à celles des PME, mais l'inefficacité des grosses entreprises permet aux PME de réussir. Ceci est confirmé par l'exemple de la première banque de ce chapitre, la plus grosse banque au Canada.

Alors que toutes les entreprises recherchent de nouveaux clients, dans cet exemple, un client potentiel se présente et il est refusé sans aucune raison valable. Des situations semblables se produisent-elles dans votre entreprise ? Que faire pour s'assurer que ce n'est pas le cas ? Posez-vous les questions suivantes : Donnez-vous de la formation à vos employés pour assurer le service à la clientèle ? Si la réponse est positive, est-ce que la formation est adéquate ? L'employée qui nous a reçus à la première banque n'avait pas de solution à nous offrir. Aurait-elle dû consulter un autre collègue avant de nous laisser partir ? Chez vous, dans votre milieu, que se passe-t-il lorsqu'un employé n'a pas de réponse pour un client ? On le laisse partir ou on consulte un collègue ? Ou encore un supérieur si nécessaire ? Cette absence de solution à offrir au client témoigne-t-elle d'un manque d'intérêt de l'employé rencontré ? Se pourrait-il que les clients internes agissent avec les clients externes de la même façon qu'ils sont traités comme employés ? Trouver des réponses à ces différentes questions vous permettra de résoudre bien des problèmes, croyez-moi.

Chapitre 11

Comment perdre ses clients

Le moyen le meilleur, et le moins cher, de conserver ses clients consiste à les servir impeccablement au premier abord.

Deutschman, *Les Pépites de la fortune*

Il nous arrive tous d'aller au restaurant à l'occasion. Le service y est une dimension si importante de l'expérience qu'on y vit que j'ai choisi pour ce chapitre des exemples se déroulant exclusivement dans ce secteur d'activités.

Je dois, par un beau soir d'avril, rencontrer deux personnes dans un restaurant du boulevard Saint-Martin, à Laval. À mon arrivée, ces deux personnes m'attendent au bar en terminant leur consommation. Nous décidons d'aller nous asseoir à une table pour souper et nous demandons à la serveuse de transférer notre addition à la salle à dîner. Elle nous répond qu'elle ne peut pas le faire. Quel est le problème ? C'est un petit détail, mais il est agaçant. Pourquoi ce restaurant n'est-il pas capable de s'organiser pour donner un service de qualité, un service impeccable, pour rendre le séjour du client le plus agréable possible ?

Dans ce cas, l'employé est plus préoccupé par la procédure interne que par le service au client. La serveuse au bar a probablement peur de perdre son pourboire. Le bar et la salle à dîner sont peut-être deux entités administratives séparées. Pour bien servir le client, et ce devrait être le premier objectif de tous, la direction doit trouver des solutions à ces différentes situations.

Un autre jour, je rencontre des clients pour un dîner d'affaires. Je demande à l'hôtesse s'il est possible d'avoir une grande table puisque nous devons consulter des dossiers durant notre dîner. Elle me répond sur un ton désagréable : « Ce n'est pas un bureau ici, c'est un restaurant. » Doit-on traiter les clients de cette façon ? De telles situations se produisent-elles dans votre entreprise ?

Un autre exemple. Je suis dans un restaurant avec un client. Nous débutons le souper très tard. Au cours du repas, le service était très bon, mais à la fin, probablement en raison de l'heure tardive, on nous a offert un premier café, mais pas de dessert, ni de deuxième café comme c'est l'habitude dans un restaurant haut de gamme. De plus, l'addition nous a été présentée très rapidement. Le message semblait être : « C'est terminé, nous fermons. »

Que retenir de ces différents exemples ? Que la qualité du service au client doit être constante : pas un service moyen un jour et un mauvais service le lendemain. Non, il faut toujours offrir du très bon service. Lorsqu'on sert un client, il faut aller jusqu'au bout de manière qu'il soit pleinement satisfait.

Voici un autre exemple issu de la restauration, mais positif cette fois. La serveuse a pris notre commande, puis après un long moment d'attente, elle est venue nous voir et nous a expliqué qu'il y avait un problème dans la cuisine et elle s'est excusée. Un peu plus tard, le gérant du restaurant nous a expliqué le problème et a présenté lui aussi ses excuses. À la fin du repas, on nous a offert gratuitement un dessert, spécialité de la maison, le café et un digestif. À part le délai du début du repas, le service était impeccable. Même si le repas a tardé, le personnel a tellement bien fait les choses que nous avons accepté d'être patients et nous avons même considéré que le service était excellent. L'adage qui dit : «Ce qui importe, ce n'est pas ce qu'on fait, mais la façon dont on le fait; ce n'est pas ce qu'on dit, mais la façon dont on le dit» s'applique très bien dans la situation précédente.

Lorsque des problèmes dans le service au client se présentent, il ne faut pas se cacher et faire semblant que le problème n'existe pas. Il faut agir pour garder le client. Il faut d'abord se montrer honnête au sujet du problème et ensuite se servir de son imagination pour compenser le client.

Chapitre 12

À quoi reconnaît-on un service exceptionnel ?

Une poignée d'hommes parviennent à s'enrichir simplement en prêtant attention aux détails que la plupart des gens négligent.

Henry Ford

Comment fait-on pour améliorer le service qu'on offre quand on est livreur de journal? La majorité d'entre vous répondront probablement à cette question en disant que c'est un service de base et qu'il n'y a pas grand-chose à faire pour l'améliorer. Voyons-y de plus près...

Lorsque je demeurais à Laval-sur-le-Lac, notre jeune livreur donnait un service exceptionnel. Je suis certain qu'il va très bien réussir dans la vie. Il comprenait le service aux clients et avait assez d'imagination pour ajouter des suppléments à son service de base.

Il livrait toujours très tôt, même les fins de semaine. Le journal était déposé dans la boîte aux lettres, pas jeté n'importe où. En notre absence, notre livreur allait même jusqu'à garder notre courrier et nous le livrait à notre retour. Sympathique, il nous écrivait de petites notes à l'occasion : « Joyeux Noël », « Bonne année », « Joyeuses Pâques ».

Résultat? Il obtenait de généreux pourboires. Même devant d'alléchantes offres de la concurrence, nous n'aurions pas changé de journal en raison de l'excellence de son service. Ce camelot faisait beaucoup de petites choses qui font une grosse différence. Voilà un parfait exemple de la différence entre un bon service et un service de qualité supérieure. Bien servir le client n'est pas seulement lui donner ce qu'il désire, c'est lui en donner plus; c'est ainsi que l'on offre un service exceptionnel qui va générer des ventes additionnelles. Que pouvez-vous faire dans votre entreprise pour que vos clients soient enchantés et aient le désir de vous encourager?

Voici un autre exemple de service exceptionnel. Lorsque j'ai commencé à faire de la navigation, ma marina était située au château Montebello. Sylvain était responsable de cette marina. Il offrait un service impeccable. Il se tenait prêt sur le quai pour recevoir chaque bateau et aidait pour accoster, attacher le bateau, installer le boyau et les fils électriques. Dès qu'il entendait un bateau démarrer ses moteurs, il se tenait prêt à aider ses propriétaires à partir. Tous les capitaines qui se rendaient à la marina du château Montebello appréciaient son service exceptionnel. Lorsque la marina de Lachine chercha quelqu'un, elle embaucha Sylvain. Dans son nouveau poste, il donna le même service supérieur qu'au château Montebello.

Un peu plus tard, lorsque le gouvernement fédéral construisit la marina du Vieux-Port, à Montréal, c'est encore Sylvain qui a été recruté. Les marinas en général ne donnent pas ce genre de service. Sylvain était une exception : il avait compris les services que les capitaines apprécient. De plus, il était courtois. Il s'est ainsi fait une bonne réputation auprès des propriétaires de marinas, ce qui lui a permis de recevoir des offres dans des marinas de plus en plus importantes. Il n'y a pas de doutes que ses conditions de travail se sont améliorées. Sylvain comprenait l'importance du client, savait comment lui plaire, comment le servir, comment en donner plus que ce qu'il attendait. C'est cela, un service de qualité supérieure.

L'exemple qui suit, à l'opposé du précédent, démontre qu'il n'est pas toujours évident d'obtenir un bon service lorsqu'on est client. En vacances dans l'Ouest canadien, je me présente à l'hôtel Banff, où j'ai une réservation. Il est environ une heure trente de l'après-midi. Je demande s'il est possible d'avoir ma chambre immédiatement. La préposée me répond sèchement : « *Check-in time is 4:30 PM.* » J'ai été tellement surpris par la façon de me répondre de cette personne que je ne sus pas quoi lui répondre. Est-ce acceptable qu'une personne qui sert des clients agisse ainsi ? Durant le même voyage, j'arrive quelques jours plus tard à un hôtel de Vancouver, où j'ai aussi une réservation. Je me présente à l'heure du dîner, une période très occupée puisque l'entrée de l'hôtel est pleine de véhicules. Je stationne mon auto dans la rue. Immédiatement, un préposé me demande si je prévois loger à l'hôtel. Je réponds par l'affirmative. Il me demande aussi si j'ai une réservation, ce que je confirme. Il me dit alors : « Laissez votre véhicule ici, je m'en occupe. » Il note mon nom et me demande s'il doit monter dans ma chambre tous les bagages qui se trouvent dans l'auto. Au comptoir d'enregistrement, on m'accueille avec un « Bonjour, monsieur Villeneuve ». Celui qui s'est occupé de ma voiture a donc pris la peine de mentionner mon nom à son collègue de la réception. Quelle agréable attention ! Déjà, je me sentais bienvenu dans cet hôtel. Comme la chambre n'était pas prête, on m'a suggéré d'aller dîner à la salle à manger de l'hôtel. Pendant ce temps, on s'assurerait de préparer ma chambre. Alors que je sortais de la salle à dîner, tel que promis, ma chambre était disponible.

Dans ces deux exemples, on m'a servi. Dans le premier cas, on m'a donné le service minimum suivant des règles pré-établies pour assurer le fonctionnement de l'hôtel et non pour satisfaire le client. Ce point est névralgique. Trop souvent, les politiques des entreprises ne prennent pas véritablement en considération le service aux clients. Dans le second cas, à l'opposé du premier, on m'a donné un service de qualité et on m'a fait sentir important. Les employés avaient certainement reçu une formation spécifique sur le service à la clientèle ; c'était évident par la façon dont tout le personnel de l'hôtel se comportait avec les clients. Ils étaient en plus d'une politesse remarquable. Ce sont des qualités que vous devez rechercher et encourager chez vos employés pour donner à vos clients un service exceptionnel.

Chapitre 13

Apprenez à apprécier les « chialeux »

Qu'aucun intermédiaire ne fasse obstacle aux clients qui veulent se plaindre ou faire des suggestions.

Deutschman, *Les Pépites de la fortune*

On appelle souvent à tort ceux qui se plaignent des « chialeux ». On devrait au contraire les traiter bien et les remercier de nous communiquer leur problème, afin de corriger certaines situations et de retenir les clients. Il est facile de perdre des clients qui ne se plaignent pas. Par exemple, si je vais dans un restaurant et que je ne suis pas bien servi, je ne me plains pas… et je n'y retourne pas. C'est ma façon d'agir et c'est aussi celle de nombreux consommateurs. Il ne faut donc pas conclure que s'il n'y a pas de plaintes, tout va bien, car les statistiques nous démontrent que beaucoup de consommateurs ne se plaignent jamais. La plupart de gens n'aiment pas la confrontation, se sentent mal à l'aise dans ce genre de situation ou ne veulent pas nuire…

Retenez bien les trois énoncés suivants :

- Un client mécontent mentionne son mécontentement à neuf autres personnes en moyenne.

- Un client satisfait n'en parle à personne.
- Un client enchanté le dit au moins à trois autres personnes.

J'ai une résidence secondaire à Sainte-Agathe-des-Monts. Dans cette ville, il y a un restaurant familial où la nourriture est très bonne. J'avais adopté cet établissement pour célébrer les anniversaires de mes enfants et de mes petits-enfants. Environ huit fois par année, le dimanche midi, nous déjeunions en famille. Nous étions souvent une dizaine de personnes réunies.

Lors de notre dernière visite, voici ce qui s'est produit. Nous avions une réservation comme d'habitude pour midi. On nous a conduits à notre table. Quarante-cinq minutes plus tard, personne ne s'était encore occupé de nous. Mon fils s'impatientait. Je lui indiquai que la dame au comptoir était la propriétaire. Poliment, il lui a expliqué son mécontentement. Quelle fut sa réponse? «Le serveur qui doit s'occuper de vous, c'est mon fils. C'est un bon serveur et il travaille très bien. Dans notre restaurant, les clients attendent en ligne pour se faire servir.» Cet événement est arrivé il y a environ deux ans. Ni moi ni aucun membre de ma famille ne sommes retournés à ce restaurant. On espérait se faire dire : «Excusez-nous pour le délai, ce ne sera pas long, on va s'occuper de vous.» Malheureusement, une réaction comme celle de cette propriétaire est typique de nombreuses organisations. Est-ce de l'arrogance? une indépendance due au succès? ou simplement une incapacité de répondre d'une façon agréable à une plainte d'un client? La propriétaire aurait pu y voir une occasion de réagir, de corriger le tir et de démontrer du respect à ses clients, mais elle n'a malheureusement pas choisi la méthode pour fidéliser sa clientèle… Je vous proposerai au chapitre suivant des façons de réagir lorsque les clients se plaignent.

Une étude effectuée par une équipe de chercheurs de l'Université Harvard démontre que si une petite ou une moyenne entreprise peut améliorer son taux de conservation des clients de 5 %, ses profits doubleront en dix ans. N'est-ce pas une progression enviable ? Cette étude confirme que la seule stratégie valable pour s'assurer qu'une entreprise progresse, c'est la conservation des clients. Il faut que vos clients soient comblés, enchantés, ravis. Pour garder les clients loyaux, ce n'est pas le prix de votre produit qui est le plus important. Vous vous assurerez de leur fidélité en leur donnant un service qu'ils ne peuvent trouver ailleurs.

Une étude de marché auprès de 2 374 clients révéla que plus de 40 % d'entre eux avaient mentionné le mauvais service comme étant la raison principale qui les amenait à changer de fournisseur. Seuls 4 % d'entre eux avaient indiqué que le prix était pour eux une raison de se tourner vers un concurrent. Vous voulez de bonnes références ? Faites en sorte que vos clients soient enchantés. Vous connaissez les désirs et les besoins de vos clients ? Donnez-en un peu plus, mettez «la cerise sur le sundae». Et soyez certain qu'un client insatisfait dont vous allez résoudre le problème deviendra un client loyal qui dira de bonnes choses de votre entreprise.

Chapitre 14

Les plaintes

Mettez-vous dans la peau du consommateur.
Identifiez-vous à vos clients.

Deutschman, *Les Pépites de la fortune*

Être capable de bien s'occuper des plaintes des clients est nécessaire. Lorsqu'un client n'est pas satisfait et qu'il se plaint, comment doit-on réagir? Une première chose très importante est de bien comprendre son problème. Ce n'est pas en parlant que vous ferez cela, mais en écoutant.

Ne commencez à parler que lorsque vous serez certain que vous avez pleinement saisi les problèmes, pas avant. Laissez au client le temps de terminer son explication. Posez des questions si nécessaire pour être en mesure de bien évaluer le problème. Plus le client parle fort, plus vous devez diminuer le ton de votre voix, sinon la conversation deviendra une dispute qui ne résoudra rien. Rappelez-vous que selon la perception du client, c'est vous qui êtes à blâmer. La première chose à faire est donc de vous excuser. N'essayez pas de déterminer qui a tort ou qui a raison. Trouvez plutôt une solution pour régler le problème.

Vous ne savez pas quoi faire pour rendre votre client heureux? Voici une suggestion. Posez-lui la question suivante : « Que croyez-vous que nous devrions faire? » La majorité des clients vont proposer des solutions raisonnables et ils ne prendront pas avantage de la situation.

Rassurez-vous, un client qui se plaint n'est pas nécessairement un client perdu. Selon M. Frank Cooper, membre de Costco et consultant en gestion à Everett, dans l'État de Washington, les gens qui sont bien traités après avoir exprimé leur insatisfaction peuvent devenir les plus loyaux des clients. Je le crois aussi. Veillez à toujours aller jusqu'au bout de votre démarche. Assurez-vous que le client est satisfait de la solution proposée et remerciez-le d'avoir porté son problème à votre attention.

En résumé, pour que les plaintes reçues puissent se résoudre à votre avantage, c'est-à-dire en conservant le client, il vous faut être attentif aux points suivants :

- vos employés doivent recevoir une formation concernant le service à la clientèle ;
- vos employés doivent comprendre la philosophie de l'entreprise ;
- vos employés doivent avoir l'autorité nécessaire pour prendre des décisions.

Si vous n'avez pas de politique visant le service à la clientèle et la résolution des plaintes dans votre entreprise, il serait peut-être temps d'agir en ce sens. Et rappelez-vous :

dans vos décisions concernant le client, il n'est pas une question de savoir qui a tort et qui a raison. La seule question valable est la suivante : le client sera-t-il satisfait?

Chapitre 15

Les politiques

La raison peut nous avertir de ce qu'il faut éviter;
l'intuition seule dit ce qu'il faut faire.

Joseph Joubert

Dans un trop grand nombre d'entreprises, les politiques de fonctionnement sont établies en fonction de procédures internes et non dans le but de rendre la vie plus facile au client et de bien le servir. Voyons quelques exemples qui vous permettront de constater à quel point la rigidité de certaines politiques va à l'encontre du type de relation à privilégier.

À une époque, je fréquentais le même restaurant pour le dîner deux à trois fois par semaine. Un jour, ayant envie de manger des œufs, je demande à la serveuse si je peux commander des œufs avec des rôties. La réponse de la serveuse est la suivante : « Nous ne servons pas de déjeuner après onze heures. » J'insiste. Je veux qu'elle transmette une demande spéciale au chef. La réponse de celui-ci est identique. Pour ma défense, précisons que l'omelette était au menu du jour. Les œufs étaient donc disponibles en cuisine. Faire cuire des œufs, ce n'est pas très compliqué il me semble. Après ce refus, je ne suis jamais retourné à ce restaurant.

Voyons un autre exemple. Mon frère cadet Yvon a épousé une Américaine à Santa Fe au Nouveau-Mexique. Ayant reçu une invitation pour leur mariage, plusieurs membres de la famille ont décidé d'en profiter pour passer quelques jours de vacances à Santa Fe. Un soir, une quinzaine d'entre nous sommes allés souper ensemble dans le même restaurant. Le repas terminé, le serveur nous remit une addition, une seule pour le groupe. J'ai demandé au serveur s'il était possible d'avoir des additions individuelles. Sa réponse fut catégorique : «Non.» Il nous a expliqué que la politique du restaurant était de ne produire qu'une addition pour les groupes. J'ai discuté avec le serveur et il n'y avait pas moyen de trouver un terrain d'entente. J'ai demandé à parler au gérant. Je n'ai pas eu plus de succès. Il m'expliqua que la politique d'une seule addition par tablée s'appliquait dans tous les restaurants de Santa Fe. Après une discussion animée mais infructueuse, nous avons dû emprunter la calculatrice du restaurant pour diviser le montant de l'addition. Avant de partir, j'ai mentionné au serveur que nous étions un groupe en vacances à Santa Fe, que nous ne reviendrons pas dans son restaurant et que nous avertirions nos proches.

Forts de cette expérience, par la suite, lorsque nous allions au restaurant, nous nous assurions à l'avance qu'il était possible d'obtenir des additions individuelles. Serez-vous surpris d'apprendre qu'aucun restaurant ne nous a refusé cette demande ?

Voici un autre exemple qui montre à nouveau d'une façon flagrante comment certaines entreprises se cramponnent malencontreusement à leurs politiques. J'ai deux comptes ouverts à ma banque : un compte conjoint et un compte personnel. Pour des raisons fiscales, ma conjointe et moi avons décidé que le compte conjoint serait uniquement à mon nom. Il y a quelques années, nous sommes donc allés à notre banque pour faire modifier notre compte conjoint. La réponse a été la suivante : « Nous ne pouvons acquiescer à votre demande. » On nous proposa alors de fermer notre compte conjoint et d'ouvrir un autre compte à mon nom uniquement. Ma conjointe mentionna qu'elle écrirait une lettre à la banque confirmant son accord avec ce changement. La réponse fut la même. Le manque de souplesse nous semblait clair et évident. Je ne voulais pas prendre le risque de fermer ce compte de banque puisque je recevais mensuellement par transfert électronique des fonds de crédit deux pensions (une du gouvernement fédéral américain et l'autre d'une entreprise américaine où j'avais été employé au cours des années soixante-dix). Je croyais qu'il était plus facile de modifier mon compte de banque que d'informer une entreprise américaine ayant changé à plusieurs reprises de propriétaires d'une modification de mon numéro de compte bancaire. Quant à la pension que je reçois du gouvernement fédéral américain, j'avais fait la demande pour l'obtenir vingt ans après avoir quitté les États-Unis. Les démarches que j'avais dû faire et le temps qu'elles m'avaient demandé me dissuadaient de prendre le risque d'avertir le gouvernement fédéral américain que j'avais un nouveau numéro de compte de banque.

J'ai entrepris plusieurs démarches auprès de la banque sans obtenir aucun succès, ni même la satisfaction d'avoir été bien servi. On a même refusé de me fournir le nom et le numéro de téléphone d'une personne qui m'aiderait à résoudre mon problème. J'avais pourtant par le passé été bien traité par cette institution. Quand, quelque temps après, les mêmes personnes qui ont refusé de m'aider ont eu l'audace de m'appeler pour m'offrir des services financiers, vous vous doutez sûrement que ma réponse a été négative.

Y a-t-il quelque chose de plus insultant que de se faire dire : « C'est la politique de l'entreprise » ? Dans les exemples précédemment cités dans ce chapitre, les employés n'ont jamais précisé s'ils suivaient la politique de l'entreprise ou non, mais par leur façon d'agir, c'est ce qu'ils m'ont dit. Était-ce dû à un manque d'intérêt de leur part ? Avaient-ils reçu une formation concernant le service à la clientèle ? Était-ce le reflet de la façon dont ces employés étaient traités à l'interne ? Comprenaient-ils bien ce qu'est un vrai service à la clientèle, un service de qualité supérieure ?

Aucun client ne veut se faire dire des choses comme celles-ci :

- c'est la politique de l'entreprise ;
- ce n'est pas mon travail ;

- je n'en ai aucune idée ;
- il ne m'est pas permis de faire ça.

Une entreprise qui désire réussir doit bien servir ses clients et pour y arriver, la direction doit définir ses politiques concernant le service à la clientèle et les transmettre à l'ensemble du personnel. Il y a toutefois un danger qu'il faut à tout prix éviter, c'est celui d'avoir des politiques si précises et si peu flexibles qu'elles obligeraient vos employés à dire à vos clients : « C'est la politique de l'entreprise. » La tâche n'est pas nécessairement facile, car les politiques que vous allez expliquer à vos employés doivent leur donner la latitude nécessaire pour qu'ils puissent satisfaire les clients.

Chapitre 16

La procrastination

La procrastination est l'un des maux les plus courants et les plus mortels, et qui provoque beaucoup d'échecs et de malheurs.

Wayne W. Dyer

Le dictionnaire donne une définition très simple de la *procrastination* : «tendance à tout remettre au lendemain». Une étude publiée en 2007 par l'Association américaine de psychologie révélait que 26 % des Américains disent souffrir de procrastination.

Vous avez un problème avec un client? Vous ne savez pas comment résoudre ce problème? Trop souvent, dans ce cas, la procrastination entre en jeu. Vous vous occupez à d'autres tâches, vous remettez l'étude du problème au lendemain. Le lendemain, vous déléguez ce problème à quelqu'un d'autre. Sachez faire la différence entre déléguer et vous décharger d'une tâche qui vous rebute ou d'un problème que vous ne savez comment résoudre.

Dans le service à la clientèle, le réflexe de procrastination est forte et naturelle puisque c'est une façon d'éviter de faire face à nos obligations. On reçoit un courriel d'un client décrivant un problème particulier auquel on n'a pas de réponse. Réaction normale et automatique : on règlera ça demain. Mais la solution ne sera pas plus facile à trouver le lendemain. Il faut agir et agir immédiatement.

Voici trois points importants à expliquer à vos employés pour diminuer une tendance souvent naturelle à ne pas prendre de décision :

1 – ils doivent toujours favoriser la solution à long terme au lieu du court terme, c'est-à-dire favoriser celle qui va satisfaire le client et le conserver pour le futur ;

2 – dans des situations inusitées, il faut parfois improviser des réponses pour satisfaire le client ;

3 – vos employés doivent être convaincus qu'ils ne seront pas réprimandés pour avoir bien servi et satisfait un client.

Un examen de conscience est recommandé pour vous assurer que le personnel qui est en contact avec votre clientèle est capable de prendre une décision. Dans votre entreprise, croyez-vous que les employés ont souvent recours à la procrastination ? Vos clients internes ont-ils l'autorité pour régler les problèmes des clients externes ? Si cela dépasse leur autorité, quelle est la procédure à suivre pour satisfaire le client ? Finalement, il est important de ne pas confondre la procrastination avec la nécessité dans certains cas de prendre le temps de bien analyser la situation, afin de prendre la bonne décision.

Chapitre 17

Votre comportement envers le client interne

Soyez prêts à accepter les points de vue les plus inattendus et à les intégrer à votre style de management.

Deutschman, *Les Pépites de la fortune*

Il semble très difficile, pour certaines personnes, d'analyser une situation et de prendre une décision respectueuse des individus qui aura comme résultat de motiver les employés et non de les démotiver. Pourtant, seul un employé motivé peut bien servir un client.

Don était directeur du marketing pour certains produits au sein d'une grosse entreprise pour laquelle j'ai travaillé. À cette époque, j'étais vice-président des ventes et du marketing, donc le patron de Don. Celui-ci était un très bon employé, travailleur, respecté, fiable et aimé de tous ses confrères. Il n'hésitait pas à faire des heures supplémentaires d'une façon régulière afin de bien accomplir ses tâches. Le président de l'entreprise, mon patron, avait un problème avec Don car celui-ci arrivait tous les matins en retard de quinze à vingt minutes au bureau. Par contre, il ne quittait jamais le bureau avant 18 heures. L'entreprise était donc gagnante : il prenait quinze à vingt minutes chaque matin, mais en retour donnait à l'entreprise environ une heure par jour, en plus de toutes les heures supplémentaires pendant ses voyages, puisqu'il devait visiter toutes les succursales de l'entreprise au Canada.

À plusieurs reprises, le président m'a demandé de discuter de ces retards matinaux avec Don. Je ne l'ai pourtant jamais fait, puisque j'étais persuadé que l'entreprise gagnait au change et que je risquais de démotiver Don en soulevant la question avec lui. Aujourd'hui, comme je l'ai expliqué au chapitre 8 portant sur les évaluations, j'aurais plutôt tendance à aborder la chose, mais je prendrais bien le temps de réfléchir préalablement à la façon de discuter de ce point avec l'employé concerné.

Voici un autre exemple qui démontre qu'une certaine flexibilité est nécessaire lorsqu'il s'agit de gestion du personnel. Au siège social et à la manufacture de l'entreprise, la coutume était d'adopter un horaire spécial pour la période estivale. Je ne me rappelle pas exactement quel était cet horaire, mais je crois que les employés commençaient une heure plus tôt le matin et finissaient une heure plus tôt à la fin de la journée. Le premier été, j'ai reçu comme tous les autres employés un communiqué annonçant le changement d'horaire et la date de son entrée en vigueur.

J'ai bien lu ce communiqué et j'ai décidé de ne pas suivre cette directive pour deux raisons. La première tenait à mes habitudes de couche-tard, donc de lève-tard : l'horaire estival, par conséquent, ne faisait pas mon affaire. La seconde raison était liée à ma tâche. J'étais vice-président des ventes et marketing pour tout le Canada et mon bureau était au siège social en Ontario : si je quittais le bureau à seize heures, il était seulement treize heures dans l'Ouest canadien, ce qui voulait dire que personne dans l'Ouest n'allait pouvoir me joindre pendant l'après-midi. J'ai donc continué à travailler aux mêmes heures. Le président m'a convoqué dans son bureau pour me dire que je devais, comme tout le monde, suivre l'horaire d'été. Ce que j'ai fait. Résultat ? Les directeurs de la succursale de l'Ouest m'ont contacté pour m'expliquer que s'ils avaient des problèmes spéciaux dans l'après-midi, ils ne pouvaient en discuter avec personne puisque je n'étais plus disponible. Ma réponse a été très simple : « Appelez le président. » Je fus à nouveau convoqué au bureau du président pour me faire dire que, si je le désirais, je pouvais ne pas suivre la directive des heures d'été… Que la manufacture ouvre à sept heures le matin et ferme à quinze heures n'est pas un problème, mais que le service à la clientèle suive cet horaire en est un. De manière générale, il est plus logique que les heures de travail du service à la clientèle soient semblables à celles des clients.

L'exemple suivant décrit très bien, à mon avis, la façon de réagir de nombreux dirigeants d'entreprises concernant le service à la clientèle. Avant d'être muté en Ontario, j'étais directeur régional au bureau de Montréal et je connaissais donc plusieurs clients montréalais de l'entreprise. Un jour, j'ai reçu un appel d'un de ces clients. Il avait une grosse commande à passer, mais la date de livraison qu'on lui avait proposée au bureau de Montréal ne lui convenait pas. Il était prêt à nous donner la commande, si nous pouvions faire mieux.

J'ai organisé une réunion avec le président et le vice-président de la fabrication pour discuter de ce cas. À la suite de cette rencontre, il m'a été possible d'appeler ce client pour lui confirmer que nous acceptions ses conditions. Plusieurs semaines après avoir livré la commande, le président de notre entreprise se rendit à Montréal et visita le chantier de ce client. À sa grande surprise, tout l'équipement que nous avions livré était encore dans les boîtes originales, rien n'avait été installé.

À son retour, le président m'a convoqué à son bureau pour me donner un compte rendu de sa visite à Montréal. Il m'accusa d'avoir fait travailler la manufacture en heures supplémentaires pour rien et d'avoir créé beaucoup d'inconvénients superflus puisque l'équipement n'était pas installé. Ce client, apparemment, n'en avait pas besoin à la date requise.

Ma réponse a été très simple. Ce client avait des exigences que nous avons respectées et il est satisfait de notre service. Il nous favorisera probablement pour ses prochaines commandes. Quant à l'équipement qu'il nous a acheté, eh bien, il lui appartient, il peut en faire ce qu'il veut. Il peut ne jamais l'installer, ou même le jeter dans le fleuve Saint-Laurent, c'est son droit.

Ces trois exemples ont pour but de bien vous faire comprendre les nuances qui existent dans le service à la clientèle interne et externe. Quand une prise de décision concerne le client ou l'employé, le gestionnaire se doit de considérer toutes les parties d'un problème pour ensuite faire des choix qui vont véritablement favoriser la progression de son entreprise.

Chapitre 18

Voyage à Taipei (Taïwan) : un exemple de courtoisie

Un but précis est le point de départ de tout aboutissement.

Charles-Albert Poissant et Christian Godefroy

Lorsque j'étais propriétaire de l'entreprise SSI, un distributeur de produits de sécurité électronique, je gérais dix centres de distribution au Canada et sept aux États-Unis. SSI était dans ce domaine le plus gros distributeur au Canada. Aux États-Unis, l'entreprise était un petit joueur dans un marché très compétitif. Il est devenu évident que pour réussir dans ce marché, l'entreprise devait elle aussi être compétitive.

Pour résoudre ce problème, nous avons décidé de visiter des manufacturiers à Taipei afin de trouver des produits au meilleur coût possible. Après avoir planifié notre voyage, nous sommes donc partis pour Taipei, mon fils François, vice-président des ventes, Denise Dionne, directrice des achats et moi, accompagnés d'un interprète. Partout où nous sommes allés, nous avons été reçus comme des rois. Dans chaque entreprise visitée, le déroulement était approximativement le même. Lorsque nous arrivions, le thé nous était offert. Ensuite, c'était la visite de la manufacture avec des explications concernant les différentes opérations. Suivait une démonstration technique détaillée des produits offerts, une discussion sur la livraison, les prix, les garanties et le soutien technique. On nous présentait des échantillons qu'on nous enverrait à notre bureau à Montréal, puis on nous invitait dans de beaux restaurants pour le dîner et le souper. Au moment de notre départ, on nous remettait des cadeaux. Partout, la gentillesse, la politesse et la courtoisie de nos hôtes étaient incroyables.

En visitant un fabricant de caméras et de moniteurs, nous avons pu constater à quel point ces gens savaient recevoir et servir les clients. En sortant de chez cet industriel, une fois notre visite terminée, nous avons constaté qu'il pleuvait. Les employés du fabricant nous ont immédiatement demandé où était stationnée notre voiture et ils ont envoyé quelqu'un la chercher pour nous. Malheureusement, la rue était congestionnée, si bien qu'ils ont fait déplacer des véhicules pour pouvoir rapporter la nôtre près de la porte d'entrée. Une fois le véhicule stationné, ils nous ont accompagnés avec des parapluies jusqu'à l'auto. Lorsque nous y sommes montés, ils posaient une main sur notre tête pour éviter que nous nous la cognions contre la voiture.

À mon retour à Montréal, j'ai raconté aux employés notre visite à Taipei en précisant que nos hôtes avaient été **remarquablement courtois,** qu'ils avaient de bons produits à bas prix et qu'en plus ils comprenaient le service à la clientèle.

Les entreprises qui ne donnent pas un tel service ou ne comprennent pas son effet positif sur les clients vont sûrement trouver que cette attitude asiatique est exagérée. Quant à nous, notre réaction a été très positive et nous avons apprécié tout ce qui avait été fait pour nous : nous avions été traités comme des invités de marque et on nous avait fait sentir importants. Toute entreprise qui désire augmenter ses ventes devrait sûrement avoir comme objectif que chacun de ses clients puisse dire « Wow ! Quel service ! » et qu'il se sente important lorsqu'il est servi.

Je suis convaincu que si notre entreprise a très bien réussi malgré la très forte concurrence du marché, c'est grâce à l'excellent service que nous donnions à nos clients. À notre retour de ce voyage, nous étions encore plus convaincus que nous étions sur la bonne voie et qu'il fallait continuer à trouver des méthodes pour améliorer notre service à la clientèle.

Chapitre 19

Quand l'autorité
n'est plus au rendez-vous

Le chef n'engueule pas son personnel,
il galvanise ses hommes.

François Garagnon

La définition du verbe *gueuler* dans le dictionnaire *Larousse* est la suivante : «Parler très fort, crier.» Dans une entreprise dont je tairai le nom, le président est un gueulard : il hausse le ton à propos de tout et de rien. Un matin, j'ai un rendez-vous avec lui à neuf heures. Comme d'habitude, je suis ponctuel. À huit heures quarante-cinq, je suis dans la salle d'attente et j'avertis la réceptionniste de mon arrivée; celle-ci oublie d'en avertir le président qui, peu après, entre dans la salle d'attente en criant contre la réceptionniste devant tout le monde. Serez-vous étonnés si je vous révèle que, peu de temps après ma visite, j'ai su que cette réceptionniste avait démissionné?

Un vice-président de cette entreprise m'a raconté que dans une réunion, le président avait tellement gueulé qu'il en avait la figure toute rouge. Le vice-président en était venu à craindre qu'il ne soit victime d'une crise cardiaque et se demandait ce qu'il allait devoir faire si cela se produisait...

Autre exemple, le président appelle par intercom général une employée à son bureau. Quelques minutes plus tard, cette employée se présente. Il l'engueule royalement parce qu'il croit qu'elle a mis trop de temps pour répondre à sa demande.

Il n'est pas difficile d'imaginer les conséquences du comportement tyrannique de ce président. Les employés ne prennent plus de décisions et ne donnent pas leur opinion dans les réunions par peur de se faire engueuler.

Il y a beaucoup de pertes de temps dans cette entreprise. J'ai vu des vice-présidents enfermés dans un bureau, après s'être fait engueuler, discuter pendant des heures de leur problème avec le président. Pendant ce temps, évidemment, ces vice-présidents ne s'occupent pas de leurs employés, leurs clients internes. Les clients externes en souffrent énormément et vous ne serez sûrement pas surpris d'apprendre que les ventes au Canada de cette entreprise sont présentement en chute libre.

Les gueulards sont des patrons qui démotivent les employés au lieu de les motiver. Dernièrement, dans une exposition, j'ai malheureusement pu constater que les employés de cette entreprise traitent les clients externes de la même façon qu'ils sont traités, c'est-à-dire sans aucun respect. Ils ne crient pas, mais ils évitent les clients plutôt que de les attirer dans leur kiosque. Ils ne sont pas motivés. De plus, ils critiquent leur employeur entre eux et avec les autres exposants.

Si vous êtes un patron colérique, réalisez le dommage que vous faites à votre entreprise. Puisque je ne crois pas qu'un vrai gueulard puisse se corriger par lui-même, vous devez demander de l'aide.

Si vous êtes l'employé d'un tel patron, vous allez inévitablement finir par perdre confiance en vous. Il vous deviendra alors de plus en plus difficile de prendre des décisions. La solution ? Cherchez-vous un autre emploi le plus tôt possible. Je connais des personnes qui, travaillant pour un gueulard, n'ont même plus assez confiance en eux pour envoyer leur CV dans une autre entreprise. La critique a été tellement fréquente à leur égard qu'ils sont convaincus qu'ils n'ont plus aucune capacité. N'attendez pas d'en être rendu là et exigez qu'on vous respecte en tout temps.

Chapitre 20

Une attitude gagnante à la tête de la hiérarchie

Lorsqu'un chef faiblit, ses hommes s'écroulent.

Bréviaire de l'homme d'action

Lorsque j'ai vendu SSI, mon entreprise de distribution de produits de sécurité électronique, à Burtek, une entreprise dans le même domaine, les deux entreprises ont été fusionnées. Tâche difficile puisque les deux cultures d'entreprise étaient différentes. L'orientation de SSI était beaucoup plus axée vers le service à la clientèle.

À la première réunion du personnel au siège social à Vancouver, le président de la nouvelle entreprise Burtek/ SSI m'a demandé de faire une présentation au sujet du service à la clientèle. Dans mon exposé, je prévoyais parler du rôle des employés, de la manière de bien servir le client, des employés au service du client et donc, en pratique, des employés serviteurs du client. J'ai fait parvenir ma présentation au président pour avoir son approbation et ses commentaires. À ma grande surprise, il s'objectait à ce que je demande à ses employés d'être les serviteurs des clients. Les employés de SSI n'avaient pourtant aucune objection à l'être! Au contraire, jouer ce rôle était un plaisir pour eux. Nos clients appréciaient ce service de qualité supérieure et remerciaient fréquemment nos employés à cet égard.

La notion de service à la clientèle était tellement différente dans les deux entreprises que plusieurs employés de l'ancien SSI n'ont pu s'adapter et ont dû démissionner. Si, à la tête d'une entreprise, on ne croit pas que de donner du service de qualité supérieure à la clientèle est important et payant, si la bonne attitude n'est pas présente à ce niveau, les chances de réussite d'implantation d'un service de qualité supérieure sont nulles. Le service, c'est la responsabilité de tout le monde, pas seulement du Service des ventes, de la Section du service à la clientèle ou du Service du marketing. Tout doit commencer par le haut, par les dirigeants, et cette politique doit ensuite toucher tous les niveaux de l'organisation.

Le service de qualité supérieure doit faire partie de la culture de l'entreprise et si cette culture n'existe pas déjà, vous devez travailler à faire changer l'attitude de tous les employés de toutes les divisions.

Devant de tels défis, ne vous découragez pas. Le docteur William James, reconnu comme le père de la psychologie américaine, a dit : « La découverte la plus importante de notre temps est de réaliser qu'on peut changer nos vies en changeant nos attitudes. »

Ne perdez jamais de vue que votre attitude détermine votre succès dans la vie et en affaires. L'attitude d'une personne est plus importante que ses aptitudes et si vous êtes positif, vous serez constructif.

Chapitre 21

La perception

Voir les événements d'une certaine façon, c'est indirectement contribuer à les provoquer d'une certaine façon.

Bréviaire de l'homme d'action

Perception is all there is. There is no reality; there is only perceived reality.

Tom Peters, *A Passion for Excellence*

La perception, dans le service à la clientèle, est très importante. Elle est plus importante que la réalité. C'est d'ailleurs
pourquoi l'auteur Tom Peters dit qu'il n'y a pas de réalité,
mais seulement une perception de la réalité.

Si j'appelle une entreprise et que le téléphone doit sonner
six à sept fois avant que je n'obtienne une réponse, ma
première impression de l'entreprise sera négative. Qui ne
s'est pas déjà perdu dans le dédale des boîtes vocales ? Et
quoi de plus frustrant que d'entendre : « Votre appel est
important pour nous, veuillez rester en ligne pour conserver
votre priorité d'appel » ? S'il l'est tant que ça, pourquoi
ne me répond-on pas ? Si en plus on ne me répond pas
bien, mon opinion sera encore moins favorable, quelles
que soient les autres qualités de cette entreprise. L'accueil
téléphonique est particulièrement important pour l'image
d'une entreprise (voir chapitre 9).

Lorsque j'étais président de mon entreprise de distribution, j'étais très conscient de l'importance de la perception, et, pour cela, j'avais pris avec mon équipe les décisions suivantes :

- pas de boîte vocale ;
- une réceptionniste expérimentée avec une belle voix ;
- une tenue vestimentaire appropriée pour tous (cravate pour les hommes) ;
- propreté des lieux essentielle en tout temps.

De nombreux jeunes ayant le tutoiement facile ont été sensibilisés aux vertus du vouvoiement dans certaines situations. On invitait le personnel à dire «monsieur» ou «madame» en s'adressant aux clients. Les vendeurs devaient en tout temps porter l'habit et la cravate.

Je ne sais pas d'où vient l'expression «la chienne à Jacques», mais aujourd'hui je rencontre souvent des vendeurs qui en sont dignes. De mon point de vue, c'est inacceptable et c'est un manque de respect pour les clients, même si, bien entendu, il faut s'adapter au milieu dans lequel on travaille.

De plus, tous les employés en contact direct avec les clients externes devaient suivre un cours de base sur la vente qui leur enseignait comment agir avec les clients. Ce cours était donné par la Fondation Dale Carnegie.

Pour que ces mesures soient efficaces, il n'est pas suffisant de les imposer aux employés. Il faut expliquer et donner

les raisons pour lesquelles la direction a décidé d'implanter
ces procédures. Si vous intégrez de nouvelles mesures au
sein de votre entreprise, il vous faudra répéter vos explications à plusieurs reprises pour que votre personnel les
accepte et les mette en pratique. Lorsque vous aurez réussi
à convaincre vos employés du bien-fondé de ces méthodes,
l'application en sera facile et vos clients seront mieux servis.

L'exemple qui suit vous encouragera sûrement car il
semblait, au tout début, qu'un défi très difficile se présentait à nous puisque nous étions dans un autre pays, face
à une culture différente. Lorsque j'ai acheté l'entreprise
Suncoast, en Floride, j'ai fait repeindre tous les murs, j'ai
fait changer certains meubles et j'ai exigé l'adoption d'un
code vestimentaire. À ma grande surprise, les employés ont
très bien réagi à ces changements qu'ils ont non seulement
acceptés, mais considérés positifs. J'ai reçu les félicitations
des clients, qui appréciaient également ces changements
et qui ont commencé à percevoir l'entreprise différem-
ment.

Suncoast était désormais une entreprise dont les bureaux
étaient propres et plus agréables; les employés y étaient
mieux habillés (par le passé, on semblait avoir cru que parce
que l'entreprise était en Floride, on pouvait s'y habiller
comme pour aller à la plage); l'atmosphère générale était
différente et tous se sentaient mieux dans ce milieu. Le tout
se reflétait sur les clients.

Soyez toujours vigilants. La nature humaine, d'une façon générale, réagit mal aux changements. Il est donc recommandé que les dirigeants commencent eux-mêmes à effectuer des changements, avant de demander aux employés de le faire. Ce procédé a un effet d'entraînement qui facilite l'acceptation des changements.

LA PHASE III

Votre plan d'action

Chapitre 22

Le leadership

*Nul besoin de faire marcher tout le monde au pas cadencé,
mais veillez à ce que tous avancent dans la même direction.*

Deutschman, *Les Pépites de la fortune*

Si vous lisez ce livre, c'est que vous désirez maximiser vos ventes. Pour obtenir des résultats, nous l'avons vu, il faut :

- améliorer le service aux clients internes ;
- supprimer les irritants ;
- améliorer la communication ;
- avoir un plan d'action ;
- donner de la formation aux employés.

C'est un projet important qui ne se réalisera que si un leader en est le responsable. Étant donné la grande valeur de ce projet et les bénéfices que l'entreprise en retirera, le leader qui possède l'autorité devra se rapporter au président ou au directeur général dans ses fonctions régulières. Il devra former un comité incluant des employés du Service du marketing, du Service des ventes, du Service des ressources humaines, de la Section du service à la clientèle et de toute autre personne que vous croyez nécessaire pour faire progresser le projet. Les membres de ce comité devront tous avoir l'autorité pour agir.

Le leader choisi devrait avoir fait ses preuves dans le passé en se révélant capable de travailler avec les différents services mentionnés précédemment. Pour que ce comité réussisse, il doit travailler en équipe. Le leader devra garder en tête que chaque service a des intérêts différents et il devra chercher à harmoniser ces différences.

Plus l'entreprise est grosse, plus il y aura des divergences d'opinions, plus le leader devra communiquer avec tous et vendre son projet. Il doit avoir reçu un mandat clair de ses supérieurs et les tenir au courant de tous les progrès de son comité.

La méthode décrite précédemment s'applique très bien dans une grosse et moyenne entreprise. Lorsqu'il s'agit d'une petite entreprise, la situation est très différente puisqu'il est généralement impossible de former un comité de plusieurs personnes. Par contre, les employés des petites entreprises sont habitués à porter plusieurs chapeaux. La tâche devrait toutefois être confiée à deux personnes au minimum.

Pour que ce projet réussisse, il vous faut donc un leader. Mais qu'est-ce qu'un leader? Si vous voulez un bon exemple pratique de leadership, regardez à la télévision César, l'homme qui parle aux chiens. C'est un psychologue canin qui se spécialise dans la correction des comportements anormaux des chiens. Sur demande, il se déplace à domicile pour aller rencontrer les animaux problématiques et leurs maîtres. Lorsqu'il sort de sa voiture pour marcher jusqu'à la résidence, il a une démarche assurée, le corps bien droit, le regard direct. Quand il se présente au propriétaire de l'animal en question, il est sûr de lui, il reflète la confiance et la compétence. Les gens sont donc prêts à l'écouter et à accepter ses recommandations. Il leur démontre que dans la majorité des cas, le problème ne réside pas chez le chien, mais qu'il est causé par le fait que le propriétaire n'agit pas comme un chef de meute. Il ne peut donc pas se faire écouter par son chien, puisque c'est ce dernier qui se comporte en chef. Dans une meute, il faut un chef, la nature le veut ainsi. César enseigne aux maîtres à avoir confiance en eux et à adopter un comportement adapté à la situation, un comportement qui leur permettra de se faire respecter de leur animal.

En entreprise, un vrai leader commande l'autorité et le respect et, sans être arrogant ni jamais chercher à dominer les autres, il maîtrise son attitude dans toutes les situations.

Chapitre 23

Le plan d'action

Les plans ne sont rien, c'est la planification qui compte.

Dwight David Eisenhower

Pour réussir l'implantation d'un nouveau programme visant à améliorer le service à la clientèle, il est préférable de préparer un plan d'action, faute de quoi on peut perdre beaucoup de temps. La méthode que je préfère commence par l'analyse de la situation actuelle.

Les trois points suivants sont à évaluer.

1 – Le service aux clients externes

Contrairement à ce que pensent certaines personnes, le service est l'affaire de tout le monde. Il ne faut donc pas en restreindre l'étude à la Section du service à la clientèle, mais inclure tous les services en examinant leur implication avec la clientèle. Un bon exemple : le personnel qui s'occupe des comptes à recevoir est en contact continuel avec les clients; ses membres sont-ils conscients de leur responsabilité concernant le service à la clientèle? Dans certains cas, on refuse d'acquitter la facture parce que le produit reçu est défectueux ou à cause d'un mauvais service. Dans ces situations, le personnel sait-il comment réagir? L'information est-elle transmise au Service des ventes?

2 - La communication

Dernièrement, j'assistais à une exposition organisée par l'Association canadienne de l'alarme et de la sécurité à Laval. Un sujet de conversation circulait parmi les membres : on commentait un communiqué émis par une entreprise au rayonnement international, parce qu'il s'y trouvait des fautes et que le contenu n'était pas digne d'une entreprise qui se respecte. Ce document a généré beaucoup de publicité négative pour cette entreprise.

Pour éviter ces situations, il faut s'assurer que toute communication écrite soit vérifiée par une personne ou un groupe responsable. Il faut examiner tous les documents envoyés aux clients par tous les services, sans exception. Par exemple, les lettres envoyées aux clients pour les aviser qu'ils ont à leur disposition une marge de crédit, les lettres pour annoncer de nouveaux produits ou services, etc.

3 - Les politiques de l'entreprise qui pourraient causer un problème aux clients externes.

Quand vous parlerez avec le personnel du service à la clientèle et des ventes, ainsi qu'avec quelques clients, on vous indiquera peut-être certaines politiques frustrantes pour les clients, qui mériteraient d'être étudiées afin de les rendre plus acceptables.

Cette analyse vous guidera pour vous aider à déterminer les points spécifiques sur lesquels vous devrez concentrer votre attention.

Lorsque l'analyse de la situation sera terminée, il sera important de définir la mission de votre comité, d'établir des objectifs et d'évaluer les coûts d'une telle opération. Le comité devra aussi décider du programme de formation nécessaire pour atteindre les objectifs. N'oubliez jamais d'établir un échéancier réaliste.

Lorsqu'on veut améliorer le service à la clientèle au sein d'une entreprise, il faut éviter de vouloir tout changer en même temps. Il faut procéder une étape à la fois. De plus, le comité chargé de l'implantation doit suggérer plutôt qu'imposer ses idées, il doit informer les différents services et les inviter à contribuer à l'introduction de ces changements tout en veillant à leur bonne marche.

Finalement, il ne faut surtout pas croire qu'il suffit de former un comité, déterminer ce qui est à faire, l'implanter, et que tout sera terminé. Il y a une constante évolution dans tout marché et dans toute entreprise, si bien qu'il faut continuellement s'adapter à ces changements. Pour voir ses ventes progresser, il faut être prêt à investir temps et énergie dans le but d'une évolution constante et perpétuelle.

Chapitre 24

La formation

Les activités de formation peuvent devenir le levier qui permettra à vos employés de s'adapter aux nombreux changements et ainsi améliorer leur performance et leur motivation.

Ministère de l'emploi et de la solidarité sociale

On dit qu'on commence à mourir lorsqu'on arrête d'apprendre. On dit aussi : «Si vous pensez que la formation coûte cher, essayez l'ignorance.»

Lorsque j'étais étudiant, je travaillais au magasin *Morgan* sur la rue Sainte-Catherine. Je servais les clients au comptoir des cravates. En 1954, à la fin de mes études, j'ai commencé à travailler à temps plein. À cette époque, je n'avais aucune idée de ce qu'était le service à la clientèle et, dans les deux cas, je n'avais reçu aucune formation à ce sujet après avoir été embauché.

Les exemples négatifs mentionnés dans ce livre et le mauvais service à la clientèle généralisé sont la preuve que la formation est nécessaire. Aucun gérant ne doit supposer que les employés comprennent le service à la clientèle, en saisissent l'importance et les nuances. Ce n'est pas une question d'intelligence ni de talent, mais de connaissance.

La compréhension du service à la clientèle n'est pas innée, une formation est essentielle.

Tel que mentionné précédemment au chapitre 23 portant sur le plan d'action, le comité doit définir la formation nécessaire aux employés et la manière avec laquelle elle leur sera transmise.

Pour vous aider à choisir le type de formation à offrir à vos employés, je vous invite à réfléchir à l'aide des résultats d'une étude intéressante. Celle-ci révèle que nous apprenons généralement des façons suivantes :

- 38 % du temps, par des tâches assignées ;
- 21 % du temps, grâce à d'autres personnes (professeur, guide, parrain) ;
- 19 % du temps, de nos erreurs ;
- et 22 % du temps, grâce à des cours et des séminaires.

Il est clair qu'on apprend plus rapidement par l'entremise de tâches qui nous sont assignées. Lorsque nous assistons à une conférence, à un séminaire ou à un cours, nous sommes passifs et nous ne sommes pas dans l'obligation de faire des efforts, nous écoutons. Lorsqu'on nous demande de faire un certain travail que nous ne connaissons pas, nous devons faire des recherches, nous informer, réfléchir, travailler fort. C'est la meilleure façon d'apprendre et de retenir ce que nous avons appris.

Je préconise donc des cours de formation personnalisés, c'est-à-dire spécifiques à votre entreprise. Un bon formateur dynamique va motiver votre personnel, créer de l'intérêt et faire réaliser les bienfaits du service à la clientèle.

Pour choisir le formateur, vous avez deux options : un candidat à l'interne ou quelqu'un de l'extérieur. L'idéal serait un de vos employés qui comprend bien le service à la clientèle, qui est respecté, enthousiaste et capable de faire de belles présentations. Cette personne pourrait être guidée par le comité qui a la responsabilité d'implanter le plan d'amélioration du service à la clientèle. Selon la taille de votre entreprise, ce formateur sera dédié à temps plein ou à temps partiel à cette tâche.

Avec un candidat choisi à l'interne qui deviendrait formateur, il est plus facile de s'assurer que celui-ci se sert d'exemples tirés de situations qui se sont produites chez vous, des situations qui dans certains cas ont créé des problèmes, qui dans d'autres ont ravi le client. Plus ces mises en situation seront réalistes, plus elles permettront aux employés de se sentir concernés et d'y réagir.

Si vous deviez plutôt vous tourner vers la deuxième solution et engager un formateur de l'extérieur, il vous faudra passer des entrevues pour le choisir. Assurez-vous que la personne que vous interviewez est bien la même qui va donner le cours. Certaines firmes envoient leur meilleur vendeur, signent le contrat puis assignent quelqu'un d'autre pour donner le cours. Autre point important, ces présentations doivent être personnalisées, c'est-à-dire adaptées à votre entreprise.

Vous pouvez aussi choisir un compromis entre les deux options, c'est-à-dire sélectionner un candidat à l'interne qui sera guidé par le comité et un formateur de l'extérieur pour débuter. Ici encore, vous devez être conscient que la formation est un procédé continu et non pas une tâche qu'on exécute avant de passer à autre chose.

Chapitre 25

Un éternel recommencement

Vingt fois sur le métier remettez votre ouvrage.

Nicolas Boileau, *L'Art poétique*, 1674

Dans la gestion des affaires, dans le travail, dans la vie, tout est un éternel recommencement. Le matin, on se lève, on fait sa toilette, on déjeune, on part pour le travail. Chaque jour, on répète la même routine.

J'ai été muté aux États-Unis au poste de président de l'entreprise Edwards alors que celle-ci était en difficulté. Pour améliorer la situation, j'ai décidé de me concentrer sur un service à la fois, de régler les différents problèmes et ensuite de passer au service suivant. Lorsque j'en ai eu terminé avec tous les services, il était déjà temps de recommencer avec le premier.

Après avoir peint les murs d'une pièce de votre maison, vous contemplez votre ouvrage et vous vous dites intérieurement, je ne suis pas peintre en bâtiment, mais je travaille bien. Aussitôt, la pièce commence à se salir. Il vous faudra repeindre dans quelques années.

Nous vivons dans un monde qui évolue continuellement : tout change autour de nous rapidement. Ce n'est donc pas parce qu'on a réglé un problème d'ordre professionnel quelques mois auparavant que tout est parfait et que cela va toujours rester comme ça. Il faut s'adapter et changer si cela est nécessaire. Cette remarque concerne toutes les dimensions de la démarche proposée dans ce livre.

Le *Petit Robert* donne la définition suivante du mot *éternel* : « Qui est hors du temps, qui n'a pas eu de commencement et n'aura pas de fin. » Dans ce même dictionnaire, la définition de *recommencer* est la suivante : « Reprendre au commencement. » Il est important de bien saisir la signification de ces deux mots. Personnellement, je ne les ai bien compris que lorsque j'ai eu des enfants. Lorsque les enfants naissent, l'inquiétude des parents commence. Plus tard, ils deviennent adultes, quittent la maison, des petits-enfants arrivent, et alors on s'inquiète pour ses petits-enfants en plus de le faire pour ses enfants devenus grands. Être parent, c'est un contrat à vie, il n'a pas de fin.

Ce sera la même chose quand vous refermerez ce livre : vous allez commencer à mettre en application ce que vous y aurez appris et, pour réussir à faire progresser vos ventes, vous ne pourrez plus jamais cesser d'y penser. Ce processus n'aura pas de fin, le recommencement sera éternel, mais vous y contribuerez volontiers car vous en verrez les fruits.

LA PHASE IV

Le service à la clientèle de qualité supérieure

Chapitre 26

Un service de qualité supérieure

*Le moyen le meilleur et le moins cher de conserver ses clients
consiste à les servir impeccablement au premier abord.*

Deutschman, *Les Pépites de la fortune*

Tout ce que je lis à propos du service à la clientèle indique qu'un client de plus en plus informé est de plus en plus exigeant. À cause de la vive concurrence, le client peut dorénavant exiger d'être servi comme il le souhaite. Si nous disions autrefois que « *le client est roi* », nous devrions aujourd'hui plutôt dire que le client est un dictateur, puisque c'est lui qui va nous dicter de quelle façon il désire être servi.

La mondialisation a fait augmenter rapidement la compétition et ce, dans tous les secteurs d'activité. La technologie progresse à pas de géant. La résultante de ces changements : il y a de plus en plus de produits sur le marché et de plus en plus d'occasions de se procurer ces produits. Puisque beaucoup de produits ont les mêmes caractéristiques, que peut-on offrir au client pour se différencier ? Un élément encore rare : un service à la clientèle de qualité supérieure.

Dans le *Petit Larousse*, la définition du mot *service* est la suivante : «Disposition. Je me mets à votre service, fournir de l'aide, de l'assistance, rendre service à quelqu'un.» Vous avez lu les chapitres précédents et vous savez que pour vendre il vous faut véritablement être au service de vos clients internes et externes. C'est maintenant le moment de définir avec précision ce qui peut être considéré comme **le service à la clientèle de qualité supérieure que nous recherchons pour maximiser nos ventes.**

En voici quelques définitions.

- C'est un service **qui en donne plus** au client que ce qu'il s'attend à recevoir. Si servir le client, c'est lui donner satisfaction, donner un service de qualité supérieure, c'est **aller au-delà de ses attentes, non par des mots, mais par des gestes.**

- C'est servir le client en s'occupant de tous les petits détails entourant la vente, c'est-à-dire le choix à l'achat, la facturation, la livraison ainsi que le service après-vente. C'est **un service complet du commencement à la fin.**

- C'est servir le client comme s'il était le seul et qu'il n'y en avait pas d'autres. C'est **donner au client toute son attention.**

- C'est aussi **une qualité de service constante**, sans journée moyenne, sans journée mauvaise. Le service doit toujours être très bon.

Le service à la clientèle de qualité supérieur n'est pas un concept facile à expliquer. Il n'est pas si évident qu'on pense à saisir, pas facile à maîtriser, parce que c'est une question d'attitude. **Tout est dans la nuance et dans la présence.**

Il faut être convaincu et que cela vienne de l'intérieur, de ses tripes, par des efforts continus.

Il faut avoir une philosophie du client et le considérer comme un invité. Il ne nous dérange pas puisqu'on est là pour le servir. Ne l'oublions jamais : <u>sans client, il n'y a pas d'entreprise. Sans lui, on n'a aucune raison d'exister.</u> Il est fondamental de le comprendre et de démontrer qu'on le comprend par nos actions.

Et le véritable secret du succès dans ce domaine réside dans l'idée suivante : **bien servir le client, c'est le servir de la façon dont il veut l'être, pas de la façon qui nous convient à nous.** Il est donc impératif de l'écouter puisqu'il est le seul à pouvoir nous dire ce qu'il désire.

Il n'y a pas de magie, pas de mystère dans le service aux clients. C'est :

- une attitude ;
- une philosophie ;
- une façon de penser.

<u>Vous devez réagir aux demandes du client et, si vous avez une décision à prendre le concernant</u>, **il est toujours préférable de penser à long terme.** Mieux vaut dépenser <u>quelques dollars pour conserver un client existant que de le perdre et devoir en dépenser des milliers pour en trouver un nouveau pour le remplacer.</u>

Voici venu le temps d'agir, de mettre en pratique les suggestions données dans ce livre. Impliquez-vous, agissez rapidement pour voir vos ventes augmenter. C'est un programme important à implanter. Il demande du travail, certes, mais il procurera du plaisir et des résultats évidents à court terme à tous dans l'entreprise. La réussite obtenue vous motivera tous à continuer à améliorer le service à la clientèle externe et c'est avec une grande satisfaction que vous verrez la roue du succès tourner pour vous.

Remerciements

Écrire un livre exige beaucoup de temps, de patience et de concentration. Cette tentative m'a permis de connaître un domaine totalement nouveau pour moi et d'apprendre un peu l'édition. J'ai découvert ce nouveau milieu grâce à mon frère Laurent qui m'a convaincu de tenter l'expérience. Celle-ci a été très enrichissante.

Ma nièce Anne-Marie Villeneuve, éditrice, m'a conseillé, guidé, pendant un an. Sans elle, je n'aurais pu rédiger ce livre. Et j'ai été très surpris de constater sa compréhension de mon sujet.

Merci à ma conjointe Hélène qui m'a supporté durant toute la période où j'ai écrit ce livre. Elle a dû passer de nombreuses fins de semaines seule pour me permettre de travailler à sa rédaction.

 GARANT DES FORÊTS INTACTES | L'impression de cet ouvrage sur papier recyclé a permis de sauvegarder l'équivalent de 32 arbres de 15 à 20 cm de diamètre et de 12 m de hauteur.

Achevé d'imprimer au Canada
en septembre 2009
sur les presses de Imprimerie Lebonfon
Val-d'Or (Québec)